U0081153

凱信企管

用對的方法充實自己，
讓人生變得更美好！

凱信企管

用對的方法充實自己，
讓人生變得更美好！

律師今天不開庭

說法律之外，人性的糾結無奈

作者序

走出法院，陽光閃耀刺眼，我的心裡卻仍被一抹烏雲遮掩，未能因勝訴的喜悅而拂去……這樣的心情，也是我在工作上最難調適的部分。我曾不時感嘆：「身為一名專業律師，我明知道必須以理智的第三者的角色，來協助當事人脫離痛苦深淵，但為什麼每回在深夜獨自看卷時，仍為這些悲慘的當事人們感到難過、不忍？甚至埋怨老天爺為什麼要這麼殘忍，讓這些事情發生在他們身上？」所幸這些心情，最後總能化為我為當事人爭取正義的絕佳動力。

對我來說，律師工作最難的不是繁瑣、耗時的訴訟過程，而是在每個案件裡，在「利」字當前時，我看到的人心最深沉暗黑的那一面向……「到底我要相信人性的光明面，還是因著這些混濁的人性而糾結？」我常常這樣問著自己。所以，當出版社邀約我出書的時候，我深思著：「我要讓讀者看到什麼？讀者能在這本書裡收獲些什麼？」我希望這本書，能貼近每一個人的生活面，當真發生類似事件時，不僅能夠知道如何尋求幫助、如何自保，更能不失去人性本善的那一面。

於是，我開始回憶我經手過的各種不同生活案件，包括愛情的背叛、友情的撕裂、親情的掙扎……這些每一個我碰到的案件，都曾那麼血淋淋的在我心上畫下狠狠的一刀；你以為的八點檔連續劇劇情，都真實的在社會裡上演著，甚至是小巫見大巫，若真寫成劇本，肯定可以得到最佳劇本獎。

金錢、感情、謊言，一直是構成「案件成立」的重要元素，而且不斷地在不同的人生中上演，所以我想把這些故事寫出來，讓世人知道也引以為誡，同時知古以鑑今，提醒讀者珍惜周邊真誠的朋友與家人。

每當我陪伴著客戶從他們悲慘的事件中走出來後，從他們在社群媒體裡po的生活動態，看著他們慢慢地回歸正常的生活步調，甚至過得愈來愈好時，就是我最開心也是最能平衡心裡糾結的時刻了，心裡總有著滿滿的成就感：「啊！我又帶領一個苦命的人上岸了，希望他們不要再發生這些苦難，不要再來見我了！」

這本書收錄的雖然是令人心酸的訴訟事件，但當我自己再重新審視一遍，每一個過程仍是記憶猶新，也希望讀者透過這些案件，能透視當中的人情義理，若當真遇上衝突事件，別忘了，在捍衛一己之利的同時，能夠多些理智、多從不同面向來看待處理。「生活不易，人生無常」，期待「訴訟」能成為你的護身符，而不是唯一手段，讓我們將有限的人生時間放在更值得的事物上吧！

序於敦南初秋
劉韋廷

目錄

媽媽，我真的沒有性侵妹妹

在有些老一輩的觀念中，會認為生出一男一女湊了個「好」字，甚至有些人會因此而被評斷為「一百分的人生」，好像這樣就變成了人生勝利組的媽媽。然而，難道這樣就完美嗎？在觀念傳統的王太太心中，曾經是如此的。

王先生是金融業的白領人士，收入讓王太太可以達成在家相夫教子、幫丈夫打理家中大小事的夢想。所以，當她懷著第二胎，大家知道胎兒性別是女孩，又問起老大性別後，很多人讚賞地跟她說：「厲害！一百分了！」每回一家人外出郊遊、野餐時，看著哥哥牽著妹妹的手，在草皮上開心的玩樂著，所有的一切是這麼地完美。

一切的美好直到有一天，媽媽在幫小孩洗衣服的時候，發現小學六年級的妹妹的內褲沾有血漬，起初媽媽懷疑會不會是女兒生理期來了？但是又覺得時間上有點太早，而且出血狀況也跟一般女性生理期有差異。王太太擔心妹妹會不會是細菌感染，便帶妹妹去醫院就診。

醫生一看到下體紅腫的情形，加上妹妹明顯感受到疼痛不適，馬上意識到事情不單純：很有可能是被性侵！起初問診時，妹妹什麼也不肯說，只是低頭不語，為了避免家人在旁所造成的壓力，醫生便請王太太先至診間外等候。在醫護人員慢慢安撫妹妹的情緒後，妹妹才坦承是遭到性侵，但是卻怎麼也不肯說出究竟是誰對她做出這種事情。

經過醫生專業判斷後，認為應該是熟人所為，所以妹妹才不敢將實情及兇手說出來。由於案情重大，醫生將這個事情通報給社會局，同時也告知王太太。王太太驚嚇之餘，也很難接受女兒小小年紀，竟然就遭受他人性侵這種莫大的傷害。

王太太回家後仔細思量，女兒身邊究竟哪個親屬可能做出如此喪盡天良的事情？她絞盡腦汁百思不得其解，畢竟女兒生活單純，除了上學、下課、補習外，其他時間都在家裡，如果要考慮到家人，那麼，最有可能的……就是剛好正處於國中微叛逆、青春期的大兒子。王太太想到這裡，感到不寒而慄，突然間也不知如何面對這一切，萬一兇手真是大兒子，要跟社會局的人員說嗎？這樣兒子的前途怎麼辦？在六神無主之下，王太太決定先跟王先生討論這件事情。

王先生一聽到寶貝女兒竟然可能是被親生哥哥性侵，當下火冒三丈，完全無法克制情緒，立刻把大兒子叫出來興師問罪。

他怒不可遏的破口大罵，還拿出棍子毆打大兒子。大兒子起初不斷否認，哀嚎著說：「我真的沒有做……」但卻因此更惹怒王先生。

王先生抓狂似的拳打腳踢，咒罵道：「被發現明明是你了，還撒謊！怎麼會生出你這種兒子！」

王太太在一旁見狀，哭著想阻擋王先生，她不停地說：「老公別打了，兒子要被你打死了！」一邊也向兒子溫情喊話：「兒子啊，你做錯事就要認錯啊！她是你妹妹耶！你怎麼會這樣做！」

沒想到在一團混亂之中，王先生竟然硬生生將大兒子的手臂打到嚴重骨折，並揚言再不承認就要打死他。只見大兒子痛苦的蜷縮在角落，眼淚、鼻水夾雜著血水，一邊拜託父親不要再打了，一邊哭喊著媽媽，才不甘願地承認是他做的。

爸爸聽到大兒子承認後，才慢慢恢復理智、收起拳頭。他告訴母親，我們一定要把哥哥送去警察局，以免他再度傷害妹妹。就這樣哥哥被送去感化教育，家裡雖然有所遺憾，但也覺得事情就告一段落，接下來是要安撫妹妹的情緒，還有思考大兒子的未來應該如何規劃。

正當家裡在這樣的混亂中慢慢恢復秩序，但妹妹似乎並沒有走出被性侵的陰影，每天只要一回到家就躲在房間裡，鎖上房門不出來。

就這樣經過了半年，有一天，王太太又在妹妹的內褲裡看到一樣的狀況，內褲又有血漬……難道這次真的是生理期來？詢問妹妹，這次妹妹更不願意開口說話了，不論王太太怎麼問，妹妹都拒絕溝通。顯然不是生理期來，而是又有委屈了。

夜深人靜，王太太回想起當初醫生跟她說：「依照我的專業研判，這應該是同住家人，或者關係相當密切的親戚所做的，妳要多留意。」而現今，哥哥已經離開家中，那麼，剩下可能會做出這種事情的，只剩下自己的老公，也就是小孩的爸爸—把兒子打到骨折的王先生了！

王太太帶著妹妹去看心理醫師，在心理醫師的專業輔導下，王太太將自己的懷疑說出，並向妹妹求證：「從頭到尾對妹妹做出如此殘忍犯行的人是不是爸爸？」妹妹這才害怕驚恐地點點頭。

原來，一直以來，妹妹不敢將實情說出，是因為王先生曾警告妹妹不准將這件事情告訴任何人，否則，會讓妹妹沒有爸爸、媽媽照顧；萬一爸爸、媽媽離婚，她也會變成沒人要的小孩，會被丟去孤兒院……妹妹深深地活在如此恐懼之中，才會一直忍耐著不敢對外求助，就這樣一個人默默承受著這一切痛苦，更只能眼看著無辜的哥哥被毆打、被誣陷，也不敢出面阻止、無法說出真相。對此她更加自責，甚至覺得是自己害了這個家支離破碎的。

王太太在了解整個事情原委後，發現原來對自己親生女兒伸出狼爪的竟然是她的枕邊人，而且為了隱瞞事實、掩飾犯行，更不惜嫁禍給自己的親生兒子，把兒子打到骨折，被迫與家人分離；王太太更無法接受沒有相信兒子的自己，情緒嚴重崩潰。原以為已經破碎不堪的家庭，命運的捉弄，竟讓已身在地獄中的一家人，被打入更黑暗的深淵中……。

平安健康快樂的長大，原本應該是為人父母給予孩子的承諾。但哥哥先是無端背負了性侵妹妹的罪，不僅遭家庭唾棄，爸爸媽媽的不信任也導致哥哥自我的價值觀完全摧毀，當媽媽再去看哥哥的時候，哥哥已經完全不能信任母親、家人，更別說明明知道他是無辜的卻仍把他打到遍體鱗傷的狼人父親；曾經期待著那麼一點點來自血親的關心以及信任，卻在狠心的父親栽贓嫁禍，母親看不見他眼裡的無辜、聽不見他不斷吶喊的時候，失去了世界。

當哥哥感化教育結束後，他寧可流落街頭，遊蕩在人山人海的都市裡，也不願再回到原本的家庭；他已經不是所謂「正常人」眼中的正常人了，他不被一般人所接受，流離在社會邊緣，認識、相處的人也是同在社會邊緣的人，打架、鬧事只不過是家常便飯。一次在朋友的引誘下，墮入了毒品的世界，再也無法自拔……直到某天因毒品被捕入獄，罪證確鑿，再也無法反駁，他已經不是當年那個無辜的他了。

這樣悲慘的世界，在我們協助妹妹對爸爸提告的過程裡，心中真是百感交集！實在無法想像，一個父親竟然會對自己的女兒性侵，更無法想像父親竟然可以無情到為了嫁禍給兒子，把兒子打到骨折，然後還敢繼續性侵女兒、威脅恐嚇女兒。而知道真相的母親，也無法面對自己的老公跟被親手送進監獄的兒子，這一切的一切若不是真實發生了，根本是令誰都無法相信的天倫悲劇。

我們在整個提告的過程裡，除了訴訟的部分，發現其實還有一個更重要的任務：如何鼓勵母親、女兒還有兒子，在這樣錯誤跟破碎的家庭中回到正常的生活，是我們當律師的必須要努力的方向。雖然在訴訟時，我們必須不斷再次地提起這些讓家人心碎的悲慘故事，但我們一方面也更小心翼翼的、不斷地分享我們曾經處理過的，「即使經歷了傷痛，最終能以美好收尾」的其他案件來鼓勵他們。故事終究會有好的結局的，也希望他們一家人，可以好好地走出這些傷痛，看到未來跟希望。

法律小學堂

針對十二歲到十八歲的少年犯罪，出於以「教育代替處罰，輔導代替管訓」的原則，警察逮捕到犯案少年後，少年法庭的法官按情節輕重，參考調查官的調查報告，以及與少年調查官、家長、少年的協談結果（有時包括與本案相關的人，如被害人、少年的師長），從假日生活輔導、保護管束、安置輔導、在少年輔育院接受感化教育等四種方案中，找出符合少年最佳利益的處置。

少年事件處理法第42條——

少年法院審理事件，除為前二條處置者外，應對少年以裁定諭知下列之保護處分：

一、訓誡，並得予以假日生活輔導。

二、交付保護管束並得命為勞動服務。

三、交付安置於適當之福利、教養機構、醫療機構、執行過渡性教育措施或其他適當措施之處所輔導。

四、令入感化教育處所施以感化教育。

少年有下列情形之一者，得於為前項保護處分之前或同時諭知下列處分：

一、少年施用毒品或迷幻物品成癮，或有酗酒習慣者，令入相當處所實施禁戒。

二、少年身體或精神狀態顯有缺陷者，令入相當處所實施治療。

第一項處分之期間，毋庸諭知。

第二十九條第三項、第四項之規定，於少年法院依第一項為保護處分之裁定情形準用之。

少年法院為第一項裁定前，認有必要時，得徵詢適當之機關（構）、學校、團體或個人之意見，亦得召開協調、諮詢或整合符合少年所需之福利服務、安置輔導、衛生醫療、就學、職業訓練、就業服務、家庭處遇計畫或其他資源與服務措施之相關會議。

前項規定，於第二十六條、第二十八條、第二十九條第一項、第四十一條第一項、第四十四條第一項、第五十一條第三項、第五十五條第一項、第四項、第五十五條之二第二項至第五項、第五十五條之三、第五十六條第一項及第三項情形準用之。

姐妹反目成仇，父親骨灰竟不翼而飛

在承辦家事案件的過程中，親情常常會被擺在現實的檯面上，尤其在金錢之前，這彷彿是最不值錢的！但當看見爭奪到你死我活的場面時，卻又讓人感受到「親情」是最奢侈的東西。

古裝劇中常見不少姐妹反目的劇情，例如「芈月傳」中芈姝與芈月，曾經生死共患難，卻在爭寵的宮廷裡互相算計。現代社會中，雖然缺少宮廷裡必須爭得你死我活的諸多不得已，但姐妹反目的故事卻沒少。

曾經有個案件，當事人的父親生了七個女兒，而我的當事人是最小的女兒。父親常常開心地跟身邊的人說這是家裡的七仙女，從小七個女兒就經常在爸爸開的道場裡生活，直到長大後，六位姐姐接連出嫁，搬離家中，剩下最小的小女兒在家照顧父親，協助父親處理道場事務。隨著父親年紀漸長，小女兒成為道場接班人的局勢也相當明顯，小女兒也認為其他姐姐們都有自己的家庭要照顧，這個重擔自己責無旁貸，便漸漸開始接下不少道場工作，跟著爸爸吃齋唸佛。

多年後，爸爸因為一次中風住院，身體狀況急轉直下，當小女兒跟六個姐姐提及此事，六名出嫁的姐姐便熱心的安排輪流回來照顧爸爸。起初，這最小的妹妹對姐姐們的舉動相當感動，畢竟自己一個人要處理道場的日常運作，又要照顧生病的父親，著實不易！但漸漸地，她發現自己被爸爸冷落在一旁，爸爸開始對她不理不睬，甚至連到後來，都幾乎無法見到父親一面……。無可奈何之下，也只能繼續努力管理父親建立的道場，不讓父親一生的心血化為烏有。

幾年後，父親往生了，在告別式上，六名姐姐把這最小的小妹叫進旁邊的小休息室裡，聯手要求小妹將道場交出來。小妹深知六個姐姐並非想要接手經營，而是因為道場位置是在台北市忠孝東路上的黃金店面位置，價值破億，姐姐們想要變賣這間道場，大家都可以分得一筆為數不小的遺產。然而，幾十年來幫父親打理道場的小妹以及道場的信眾都非常不能接受，面對六個姐姐的逼迫，小女兒只好來找我們，希望可以由法律來協助他們，救救父親一手辛苦建立的道場，避免道場就此化為烏有。

為了瞭解案情，我們親自到道場拜訪，道場牆上處處可見很多氣勢磅礡的書法文字及訓示文字，一問之下才知道，原來都是父親親手所寫。這些文字間充份顯露出雄心壯志及不屈不撓的意境，冥冥之中彷彿是該名父親在向我訴說他設立這間道場的理想；同時，我在與信眾們談話過程中，也感受到這個道場在信眾心中有著舉足輕重的地位，信眾們都很希望能繼續供奉、敬拜神明。

原想這是姐妹之間的遺產繼承事件，應該有機會透過私下協商的方式解決，避免親姐妹對簿公堂。殊不知，第一次談判，六名姐姐就拿出一份遺囑，上面清清楚楚寫著：「所有的遺產都由六名姐姐繼承……」完全沒有分給小女兒任何一分財產。當下，小女兒無法置信、驚訝的眼神至今我仍無法忘懷，那是一種對於父親為何會做出這樣的決定深感不解，以及對於姐姐們的現實感到驚訝、無法置信的神情。

小女兒此時才開始回想父親病逝的前幾年，姐姐們雖然表面上是協助回來照顧父親，但實際上卻是一邊阻撓她，讓她幾乎無法見到父親，一邊又不斷地在父親面前講她的壞話，讓父親誤以為小女兒見到父親年邁就不聞不問，甚至企圖謀奪道場；六名姊姊更藉機向父親提議事先立遺囑，不讓這個不孝女有機會拿到遺產。

對此份遺囑完全不能接受的小女兒還有信徒們，當下便說要找時間去找父親問清楚！沒想到，當小女兒及信徒們來靈骨塔要找父親骨灰時，竟發現父親骨灰不翼而飛了！一問之下才知道，原來父親的骨灰已經被六名姐姐帶走了，小女兒當下又生氣又著急，但不管怎麼聯繫、詢問，六名姐姐都不願意告知小女兒父親的骨灰到底被移去哪裡。

實際上，六名姐姐從小也是在道場長大，也相信父親的骨灰代表著父親的靈魂，一方面害怕或許父親過世後看清這一切，會透過小女兒祭拜時藉機告訴小女兒；另一方面，也覺得如果父親骨灰還在，那麼這些道場信眾就還是會有凝結共識信仰的象徵，將更難把他們打散。為了賣掉店面，勢必要將父親的骨灰藏起來，不要讓信眾們找到，唯有讓信眾們逐漸散去，才能順利賣掉道場所在位置的黃金店面。

小妹對於姐姐們為了不讓她有機會向父親求證，竟然做出這種事情，甚至不顧姐妹情，阻斷小妹未來向父親上香祭拜、盡子女孝道的機會，面對姐姐們被金錢蒙蔽到如此不顧親情，小妹深感心寒。而對於姐姐們鬧著要賣掉道場，或許她基於大家是一家人還能忍耐先溝通，但是，將父親骨灰藏起來，這實在是天理不容，也因此這小妹來委託我們協助對六名姐姐提告，並請求返還骨灰。

六名姐姐知道被告後，也不甘示弱，對小妹起訴提告請求分割遺產、返還道場等訴訟。經過法院最後判定，小女兒應該要返還道場給姐姐們。雖然信徒們相當不服，但這個店面還是被姐姐們強制執行要回去。

在訴訟過程中，這名小女兒心境上也慢慢地有所轉變，她後來也找了另一塊地與信徒們一起重新建廟、安頓神明。在跟她談話的過程裡也發現：過去她一直很在意一定要在爸爸當初創立的位置繼續經營道場，不過後來她認為，就如同信仰一般，有時候很抽象，一塊土地、一間房屋或許是聚集眾信徒的地方，但並非眾信徒聚集的原因，追根究底，大家聚集是因為都有共同的信仰，心靈間的聯繫才是大家聚集的根本。如此，就算遭逢變故而搬離道場，也可以看做是信仰神明所帶給信徒們的考驗，反而透過一起重新建廟的過程，再次從無到有，大家互相打氣、給予彼此力量，聯繫更加緊密，也對於信仰有更深層次的體悟。

當小女兒開始建立起她跟道場的新未來後，也許是父親冥冥之中有保佑，在一個偶然的機會裡，小女兒竟然在台北市陽明山上某一處靈骨塔發現了父親的骨灰！

有時，人們會埋怨「過去」將我們人生中一些重要的東西拿走，甚至對於「未來」的擔憂也綁架了我們的人生，最終失去了「現在」。在經歷父親過世、遺囑不公、姐妹反目，小女兒曾一度意志消沉，不知道此生所忙、所求、所付出究竟為何？但是背負一群信眾的期待，小女兒終究沒有放棄，反而像是重生，對於人生也有更宏觀的想法跟見解。

當她找到骨灰後，我本來一度以為她會提議要搬回原址，或者搬到一個姐姐們找不到的地方，報復姐姐。但她只是說她很開心，總算有一個地方可以祭祀父親，可以向父親定時報告道場的經營狀況，就如同父親在世時一般；而姐姐們也是父親的女兒，如果他們想要祭祀父親，盡孝道，她也認為這是對父親好的，沒有任何阻擋的道理。

從小女兒身上，我深深體會並感受到，不論是諒解、包容或者是曾經的不解和憤怒，與其說是對某一個人的態度，其實也是人生對待自己的寫照。

法律小學堂

遺囑人在不違反法律有關於特留分規定的前提下，是可以透過立遺囑的方式來決定要如何處分遺囑人自己的遺產，這是法律基於尊重立遺囑的人對於自己財產在過世後處理方法的規定，也稱為遺囑自由原則。

民法第 1187 條

遺囑人於不違反關於特留分規定之範圍內，得以遺囑自由處分遺產。

民法第 1223 條

繼承人之特留分，依左列各款之規定：

一、直系血親卑親屬之特留分，為其應繼分二分之一。

二、父母之特留分，為其應繼分二分之一。

三、配偶之特留分，為其應繼分二分之一。

四、兄弟姊妹之特留分，為其應繼分三分之一。

五、祖父母之特留分，為其應繼分三分之一。

被靈骨塔詐騙抑鬱而終的媽媽

陳媽媽跟陳爸爸結婚幾十年，從年輕時一無所有開始打拚。陳媽媽在工廠輪班擔任產線人員，陳爸爸則是工人，兩人省吃儉用努力拉拔小孩長大成人，到小孩們都獨立離家後，陳爸爸跟陳媽媽才退休。退休後兩人仍依舊如年輕時一樣節儉，衣服破了縫補再穿、洗菜水也要留下來澆花，雖然不甚富裕，但兩人也算有個恬靜的退休生活。

某天，陳媽媽被診斷罹患癌症第三期！子女們聽聞後與陳爸爸不斷鼓勵陳媽媽，也輪流陪同陳媽媽去醫院進行化療。但因為已經是癌症第三期，媽媽身體狀況也是時好時壞，有時可以出院休養，有時又因為免疫力太差，需要住院治療。沒想到，不到四個月的時間，陳媽媽就往生了。

面對陳媽媽從確診到過世僅僅不到四個月的時間，全家人都很難過，也很沮喪。原先治療過程中，醫師常常告訴家人說還有希望，要多給陳媽媽精神支持，家人們也都很努力陪伴陳媽媽，幫對抗病魔的媽媽打氣！但是陳媽媽本人求生意志相當薄弱，躺在病床時，經常雙眼無神的望向遠方，好像是在發呆，又好像是對於人生感到絕望。

陳媽媽過世後，當女兒跟陳爸爸整理媽媽遺物的過程中，開始發現一件件匪夷所思的物品：散落不同地方的名片、靈骨塔資訊，還整理出高達 100 多張的生前契約，也就是大家所熟悉的預售靈骨塔塔位！

究竟為什麼平時如此節儉的媽媽會買這麼多生前契約？媽媽有這麼多錢買這麼多生前契約嗎？是誰找媽媽買這些東西的？是什麼時候買的？為什麼媽媽什麼都沒有說？為什麼媽媽生前有做這些事大家都不知道？為什麼？為什麼？家人們內心無限多的問號不斷浮出。

經仔細查看發現這 100 多個塔位大概都是在住院前兩三個月至住院後幾個月間所購買，購買時間相當接近。

之後，因為要申報陳媽媽的遺產稅，在調閱陳媽媽金融遺產時，赫然發現陳媽媽的帳戶存款餘額竟然都空了！家人驚嚇之餘，趕緊調閱陳媽媽生前銀行存款往來明細紀錄，竟見到多筆大量款項匯出的紀錄，甚至陳媽媽還再貸款 200 萬元，隨即又匯出去，加上陳媽媽過去所有的存款，零零總總匯出 600 多萬元……。家人們看著這些資料，實在對於陳媽媽怪異的金流感到一頭霧水，更沒人知道媽媽將如此龐大的金錢流動匯給了誰？陳媽媽生前發生什麼事，導致她必須要這麼做？

諸多疑點一直沒有獲得解答。當女兒打開陳媽媽手機後，見到媽媽生前電話紀錄，除了家人外，有很多電話是打給家人都沒聽過的「小剛專員」、「XX公司總經理」等等紀錄，甚至最後有一連串高頻率撥打至某幾支電話，但對方均未接通。究竟陳媽媽想找誰？為什麼對方都不理媽媽呢？

後來再打開陳媽媽手機的簡訊紀錄，才發現，媽媽也有傳簡訊給「小剛專員」、「XX公司總經理」等人，陳媽媽多次發出：「你不是說有人要買這些塔位，人呢？」等等問題，而對方則不斷回覆：「有，我正在努力」、「請再等等，快談好了」、「再等一下」……而陳媽媽一直到死亡前兩天還有傳訊息給對方問：「你怎麼都不接電話？你再不接，我也不想活了。」「我已經快不行了，就算可憐我，把我的錢退給我吧！」看見這些簡訊內容，家人彷彿才有點頭緒，原來陳媽媽很可能是為了購買靈骨塔塔位而匯出大量的金錢，更用她自己的信用貸款借款了兩百萬，也就是存摺裡面這段借款後一下子又匯出去的紀錄。

家人看著簡訊，一字一句都深深地刺痛他們的心。為了解決滿心的疑惑，也想幫含恨而亡的陳媽媽釐清真相，他們前來委託我們。當陳爸爸含淚拿出手機簡訊給我看這些陳媽媽焦急、無奈，甚至最後哀求的訊息時，我馬上知道，陳媽媽應該就是中了多以年長者為目標的「靈骨塔詐騙」陷阱內。

家人們好奇問：「什麼是靈骨塔詐騙？」

其實這也是很多人的疑問，很多人都無法理解，一輩子辛辛苦苦賺來的錢，平常省吃儉用，怎麼可能會一下子都給詐騙集團了呢？其實，這是透過一連串「話術」欺騙一些對於靈骨塔有興趣或者已經有一兩個塔位的老人家，讓他們誤以為可以買更多靈骨塔投資獲利的詐騙模式。

首先，詐騙集團會先找有塔位需求的人，大多是退休人士，推銷說靈骨塔現在價格不斷上升，好位子也要先卡位，不要讓子孫們煩惱等等。而大部分人一開始可能就先買一兩個自己要用的塔位，普通一個塔位可能五萬元。接著，詐騙集團會有意無意提到，他們有認識香港富商，看中了這塊風水寶地，一次想要購買五個塔位，富商一個塔位願意出價十萬元購買，也就是五十萬元，而你現在手上只有兩個塔位，如果再去買三個塔位來，他們會協助你一次性賣給香港富商，現賺一倍，而且靈骨塔不像股票，靈骨塔包賺！此時，不知情的買家就會掏出錢再買三個塔位，等買家手上有五個塔位時，詐騙集團的人又會告訴買家，實在很抱歉，因為買家在購買這三個塔位時，該名香港富商因為急需購買，已經找到其他買家交易，所以這五個塔位他沒有需求。不過，現在又幫買家找到新的買主，是一個大陸富商，這位大陸富商更加豪爽，一次要買十個塔位，因為他預計把家族遷到台灣下葬，而且因為大陸富商錢很多，願意用一個塔位二十萬元的單價來買，也就是買家一買一賣，一個塔位就可以賺四倍，進而推銷問買家願不願意再多買五個塔位，加起來十個塔位一次性賣給這位大陸富商。通常買家年紀稍長，一方面想說上次錯失良機，被人搶先一步，這次更想得到；另一方面也會覺得可以發筆小財，而且留下一點遺產給子女，也是一種老人家的尊嚴，因而就同意再花錢去買五個塔位。一直到最後這十個塔位又落空，或是在過程中慢慢知悉自己被騙，卻為時已晚。

然而，因為傳統觀念中比較不會在家裡談論與死亡有關的生後事務，因此這種事情通常父母也都不會告訴子女，而是自己私下處理，直至發現被騙後，一方面不甘心，另一方面覺得丟臉就更不敢講，甚至想要自己解決，但常常徒勞無功，傷身也傷心。陳媽媽就是這類典型案例，當她怎麼樣都聯繫不到曾經跟她打包票穩賺不賠的業務人員們，眼見自己棺材本都沒了，還欠債，更加抑鬱寡歡；剛好此時又罹患癌症，雪上加霜，對於人生就更感絕望，因此加速了死亡。

在訴訟上，這種詐騙常常死無對證，變成犯罪市場上很常看到的專門詐騙老人家的手法，陳媽媽恐怕就是這樣被騙不甘心、抑鬱而亡。

聽我說明完詐騙集團的手法及套路後，陳爸爸等人當下非常生氣也為陳媽媽這段日子所遭受的身心折磨感到相當不捨，子女們也很難過，原來媽媽死前不僅僅要面對癌症治療的痛楚，心中還有這塊被詐騙不能跟家人說的痛。家人們知道陳媽媽走得如此不安詳，咬牙切齒的向我們說：「一定要揭發這個嗜血的詐騙集團，要讓真相大白！」除委請我們至地檢署提告，幫忙把真凶找出來之外，也委託我們協助向記者將如此可惡至極的詐騙手法公諸於眾，讓社會大眾以此為戒，切勿再受騙上當。

承辦這類案件的過程內心總是特別沉重，特別是整理陳媽媽手機上的訊息時，當看到：「你怎麼都不接電話？你再不接，我也不想活了……」這些字句，彷如是陳媽媽在人生道路上最後的哭訴。

「我們是不是哪裡做錯了？為什麼發生這麼大的事情我都不知道。」家屬們常常這樣問我。

「為人子女長大成人後也都有工作要忙、自己也成立了家庭有子女要照顧，對於父母的看顧跟關心，真的很難像同住一個屋簷下如此細微的，至少陳媽媽在住院的日子，你們都是有盡心盡力在照顧。」我也只能這樣安慰著。

因此，我們在調查過程中，更是竭盡全力地抽絲剝繭，尋找各種可能找到詐騙集團成員的細節：從陳媽媽的手機通聯紀錄、銀行帳戶的一筆筆匯款紀錄，甚至調查當時跟銀行借款對保的銀行行員，釐清究竟媽媽過世前是怎麼被騙的過程，將一切一一還原呈現在家人面前，也將這些詐騙媽媽的歹徒，繩之以法，撫慰媽媽的在天之靈。

法律小學堂

現行靈骨塔詐騙集團詐騙模式不斷變更，甚至詐騙人員內部還有教戰手則，根據不同被害人的狀況，有不同的模擬劇本、或者找人扮演假買主等不同角色，佯稱實際不存在之殯葬協會等機構或投資人，將以高價購買大量之殯葬產品，吹噓轉售靈骨塔保證有極高獲利，導致很多被害人將一生的積蓄都投下去，甚至會去貸款，最終損失慘重。這些詐騙集團的行為，已經涉嫌違反組織犯罪條例第3條第1項、刑法第339條之4等犯罪。

組織犯罪條例第3條

發起、主持、操縱或指揮犯罪組織者，處三年以上十年以下有期徒刑，得併科新臺幣一億元以下罰金；參與者，處六個月以上五年以下有期徒刑，得併科新臺幣一千萬元以下罰金。但參與情節輕微者，得減輕或免除其刑。

具公務員或經選舉產生之公職人員之身分，犯前項之罪者，加重其刑至二分之一。

犯第一項之罪者，應於刑之執行前，令入勞動場所，強制工作，其期間為三年。

前項之強制工作，準用刑法第九十條第二項但書、第三項及第九十八條第二項、第三項規定。

以言語、舉動、文字或其他方法，明示或暗示其為犯罪組織之成員，或與犯罪組織或其成員有關聯，而要求他人為下列行為之一者，處三年以下有期徒刑，得併科新臺幣三百萬元以下罰金：

一、出售財產、商業組織之出資或股份或放棄經營權。
二、配合辦理都市更新重建之處理程序。
三、購買商品或支付勞務報酬。
四、履行債務或接受債務協商之內容。
前項犯罪組織，不以現存者為必要。
以第五項之行為，使人行無義務之事或妨害其行使權利者，亦同。
第五項、第七項之未遂犯罰之。

刑法第 339 條——

意圖為自己或第三人不法之所有，以詐術使人將本人或第三人之物交付者，處五年以下有期徒刑、拘役或科或併科五十萬元以下罰金。
以前項方法得財產上不法之利益或使第三人得之者，亦同。
前二項之未遂犯罰之。

刑法第339條之4——

犯第三百三十九條詐欺罪而有下列情形之一者，處一年以上七年以下有期徒刑，得併科一百萬元以下罰金：

一、冒用政府機關或公務員名義犯之。

二、三人以上共同犯之。

三、以廣播電視、電子通訊、網際網路或其他媒體等傳播工具，對公眾散布而犯之。

前項之未遂犯罰之。

外籍配偶的悲慘人生
外籍
新娘
19W
X-XX-XXX

十八歲少女的愛情應是什麼夢幻的模樣呢？

一個青春少艾的花樣年華，生活又該是如何燦爛的呢？

那年仲夏，在越南的一個純樸鄉村，家中排行老么的何小姐剛以全校最優異的成績考上醫學院，在那個經濟狀況普遍不佳的鄉村，沒有補習、全靠自學考上醫學院的故事正在學校流傳著，師長們都看好她的未來。

何小姐像其他新鮮人一樣，剛進入大學，面對不一樣的學習環境及各式活動，覺得新鮮無比；課後和同學們討論著未來自己想成為什麼樣子的醫師、要如何行醫救人……正享受著嶄新的大學生活。

某天何小姐下課回家，才一進家門，家中來了幾個陌生人，何小姐禮貌性點個頭就進自己房間寫作業報告。過沒幾分鐘，何小姐的爸媽進來叫何小姐出去打招呼。

何小姐滿心疑惑：「過往陌生人來家中也不會特別叫我出去呀？」但她還是乖乖的跟了出去。

爸爸指著一個男人說：「這是陳先生，跟他問好。」

何小姐禮貌地說：「陳先生你好！」

沒想到，爸爸接著說：「他就是妳的丈夫了。妳等等回房間把行李收拾好，明天妳跟他搭飛機去台灣，到時候妳們把婚禮辦好，好好去當他的太太。」

霎那間，何小姐狐疑的望向周遭的其他人，希望有誰可以跳出來說這只是一場誤會，只是玩笑話。但是，媽媽還有跟陳先生一起來的陌生人，大家都靜靜望著她。

何小姐感到晴天霹靂，她向爸媽抗議：「為什麼？你們怎麼都沒有人跟我講過。我才剛上大學還在唸書！我不要！」

爸爸回應說：「爸媽已經幫妳談好了，就是這樣了！反正妳明天就過去台灣。如果不過去台灣，妳也一樣把行李收一收，離開這個家，我們就當作沒生過妳這個女兒。」

年僅十八歲的何小姐毫無選擇。那一晚她想了很多，她還有好多夢想，還要當醫生救人，這個夢怎麼就這樣破滅了？為什麼爸媽不願意再等她幾年，她就可以賺錢養家了？她到底是女兒還是商品？她內心默默希望早晨永遠不要到來。

清晨太陽依舊，何小姐知道再也回不去她愛的學校了；她還沒談過一場轟轟烈烈的戀愛，沒有機會好好地享受大學的自由生活，就已經要被帶去一個陌生的國度。身旁的男人是誰？他可靠嗎？心中的問號一個個變成了不安及恐懼。

到了台灣，何小姐看到陳先生家境並不好，草草完成婚姻登記後，這個家慢慢變成一座監牢。對於何小姐而言，她先生不過把她當成交易來的奴隸，不僅毫無愛惜之心，也不管她的心情，只要陳先生想發生性關係，也不讓何小姐拒絕。

婚後四年，接連生了四個小孩，然而，陳先生並沒有因為何小姐懷孕而對她有比較好的態度，依舊要她負責所有家務事，舉凡打掃、煮飯、洗衣、收拾等等，加上餵奶、照顧小孩，每天都有做不完的家事。

陳先生工作並不固定，沒工作時遊手好閒，不開心時就對何小姐以及小孩拳打腳踢，四個小孩跟何小姐面對陳先生的家暴無力反抗，經常滿身傷痕。但在這陌生的國度，她也不知道該去哪裡求助。當大兒子慢慢長大後，開始有能力反抗，甚至曾揚言大叫，要跟爸爸同歸於盡來保護媽媽。

何小姐生完四個小孩後，並沒有好好坐月子調理身體，加上家無寧日的生活，因此造成身體負荷過重。

某天，她真的撐不下去而倒下了，面對陳先生完全不照顧孩子的情況，何小姐只好請在越南的爸媽來台灣協助照顧小孩。沒想到陳先生不僅沒把自己當女婿，完全不尊敬岳父岳母，更直接當作家裡多了兩個傭人，原本何小姐負責所有打掃、煮飯、洗衣等工作，竟全都要求岳父岳母包下！其後，當何小姐爸媽居留到期後，更強勢要求他們留下來照顧小孩，導致何小姐爸媽違法居留；之後只要何小姐爸媽有讓他覺得不滿意的地方，又反過來以此威脅他們，如果沒做好就要檢舉他們，讓他們被關。

如此生活過了兩年，何小姐看著爸媽跟小孩活在如此殘暴的地獄之中，實在忍無可忍！她心想：「或許自己吃點苦還可以忍，但小孩跟年邁父母如此痛苦，實在不可以再這樣繼續下去了！」

她終於受不了了，她決定帶著爸媽、小孩逃離這可怕的家庭。她向社會局檢舉家暴行為，以此作為談判籌碼，讓陳先生同意離婚，並且將四名小孩的監護權都同意歸給女方；何小姐也同意陳先生要求所有扶養費、贍養費均由何小姐自己負擔。自此以為總算可以重新開始生活的何小姐，在一年後，又收到法院來函告知陳先生要求改定監護權，原來是因為陳先生父母無法接受膝下無子的情形。

何小姐輾轉找到我們，當她把整件事情的原委說給我們聽之後，她堅強地說：「我再也受不了我的孩子、父母被他欺負了；我不能再容忍這樣的事情繼續下去了……我要周旋到底！」四名小孩中，比較大的孩子已經有認知能力，一聽到可能要被帶回去跟爸爸一起生活時，幼小的眼神中透露著驚恐，嚎啕大哭地拜託著媽媽救救他們。

在承辦案件的過程中，每每看到何小姐還有孩子們承受這一切不合理的對待還有欺侮，我們都於心不忍！

跨國婚姻需要無比的勇氣，不只在文化、語言上存在隔閡，截然不同的生活環境也是一大考驗；甚至存在很多歧視。這種族歧視的問題不僅僅是存在台灣，歐美也存在歧視亞洲人的問題，因此，外籍配偶需要更多來自家庭及另一半的支持及協助。但是，在台灣很多對於仲介介紹的配偶，仍存在一種商品購買的心態，覺得是自己花錢買來的，普遍都有著奴役的問題存在，造成一個個外籍配偶的悲歌事件不斷發生。而許多外籍配偶因為跨海而來，人生地不熟，所有的辛酸也只能默默往肚裡吞。期待未來能有更健全的支援系統，提供這些受到不公平對待的外籍配偶們能有更多的求助管道。

法律小學堂

在社會的各個角落，經常會發生家庭暴力的問題，面對家庭暴力者，被害人常常不知道該如何求助，目前台灣可以撥打「113」保護專線尋求協助；113專線也有提供英語、印尼語、越南語、泰語、柬埔寨語及日語等6種外語通譯服務，如果是不太擅長用國語溝通的外籍配偶，可以透過113專線來尋求協助。但若已經有生命遭受嚴重威脅的狀況，則建議盡快至派出所報案，員警會協助通報社工提供相關支援，也會協助被害人填寫保護令聲請狀及準備相關文件，向法院聲請保護令。

家庭暴力防治法——

• 第3條

本法所定家庭成員，包括下列各員及其未成年子女：

一、配偶或前配偶。

二、現有或曾有同居關係、家長家屬或家屬間關係者。

三、現為或曾為直系血親或直系姻親。

四、現為或曾為四親等以內之旁系血親或旁系姻親。

•第10條

被害人得向法院聲請通常保護令、暫時保護令；被害人為未成年人、身心障礙者或因故難以委任代理人者，其法定代理人、三親等以內之血親或姻親，得為其向法院聲請之。

檢察官、警察機關或直轄市、縣（市）主管機關得向法院聲請保護令。

保護令之聲請、撤銷、變更、延長及抗告，均免徵裁判費，並準用民事訴訟法第七十七條之二十三第四項規定。

•第14條

法院於審理終結後，認有家庭暴力之事實且有必要者，應依聲請或依職權核發包括下列一款或數款之通常保護令：

一、禁止相對人對於被害人、目睹家庭暴力兒童及少年或其特定家庭成員實施家庭暴力。

二、禁止相對人對於被害人、目睹家庭暴力兒童及少年或其特定家庭成員為騷擾、接觸、跟蹤、通話、通信或其他非必要之聯絡行為。

三、命相對人遷出被害人、目睹家庭暴力兒童及少年或其特定家庭成員之住居所；必要時，並得禁止相對人就該不動產為使用、收益或處分行為。

四、命相對人遠離下列場所特定距離：被害人、目睹家庭暴力兒童及少年或其特定家庭成員之住居所、學校、工作場所或其他經常出入之特定場所。

五、定汽車、機車及其他個人生活上、職業上或教育上必需品之使用權；必要時，並得命交付之。

六、定暫時對未成年子女權利義務之行使或負擔，由當事人之一方或雙方共同任之、行使或負擔之內容及方法；必要時，並得命交付子女。

七、定相對人對未成年子女會面交往之時間、地點及方式；必要時，並得禁止會面交往。

八、命相對人給付被害人住居所之租金或被害人及其未成年子女之扶養費。

九、命相對人交付被害人或特定家庭成員之醫療、輔導、庇護所或財物損害等費用。

十、命相對人完成加害人處遇計畫。

十一、命相對人負擔相當之律師費用。

十二、禁止相對人查閱被害人及受其暫時監護之未成年子女戶籍、學籍、所得來源相關資訊。

十三、命其他保護被害人、目睹家庭暴力兒童及少年或其特定家庭成員之必要命令。

法院為前項第六款、第七款裁定前，應考量未成年子女之最佳利益，必要時並得徵詢未成年子女或社會工作人員之意見。

第一項第十款之加害人處遇計畫，法院得逕命相對人接受認知教育輔導、親職教育輔導及其他輔導，並得命相對人接受有無必要施以其他處遇計畫之鑑定；直轄市、縣（市）主管機關得於法院裁定前，對處遇計畫之實施方式提出建議。

第一項第十款之裁定應載明處遇計畫完成期限。

網路情人夢

網路，已是現代人，尤其是對年輕人來說，在生活上已不能或缺，不論是工作、購物、旅遊、聊天，甚至不少人的愛情姻緣，也都是透過網路尋覓而來的。小傑，就是一例。他曾以為在網路上找到真愛，但精確的來說，是掉進了愛情陷阱。

這場愛情故事要從一個三十五歲的保險公司主管小傑開始說起。小傑長得高大英俊，從剛入社會工作就相當拚搏，雖然沒有高學歷，但是認真負責的工作態度，獲得許多客戶的信賴。每天從早忙到晚，雖然接觸很多人，卻始終沒有遇到他的真愛。身邊許多親友都想幫他介紹對象，但始終都沒有遇到投契的人；那個「對的人」一直都沒有出現。

下班後的時間，小傑通常是一個人待在家中打遊戲，他在遊戲中的暱稱叫做「龍」。在電玩的世界裡，少了工作壓力，多了更多可以展現真實自我的空間。有一天，小傑在遊戲裡遇到一名暱稱叫做「晴」的女孩子，他發現，他跟晴之間的默契彷彿是與生俱來的，兩人合作無間，一起打怪練級、一起做任務，有時小傑因為工作因素任務做到一半要離開，晴也不會抱怨。

漸漸地，小傑與晴兩個人除了分享遊戲攻略外，也開始會聊些彼此真實生活中的事情。面對晴，小傑意外地發現，自己能說出許多在公司、客戶、家人面前不能暢所欲言的話，而晴總是願意聆聽，也給予小傑許多溫暖的鼓勵。對小傑而言，晴已經是他生活中不可或缺的精神支柱，同時也對晴產生了好感。

就這樣一起打遊戲打了近半年，有一次，在打遊戲的過程中，晴告訴小傑，她最近打算要去美國唸書，必須要存錢，因此沒辦法繼續花錢買遊戲點數玩遊戲，可能要跟小傑說再見了。小傑聽到的當下無比驚訝！他發現自己原來已經不能沒有晴了。為了讓晴可以繼續留在他身邊，小傑告訴晴，如果他幫得上忙，他願意借晴一點錢，希望可以大家繼續一起打遊戲。但是，晴很難過地告訴小傑，不只是單純不夠錢買遊戲點數，她自己還要去打工存出國的費用，因此之後也沒有時間上線跟小傑打遊戲了。

小傑相當心疼晴又要讀書準備出國，同時還要去打工。打工一個小時只能夠領最低工資，而且動不動可能就會遇到頤指氣使的客人或主管，善良的晴一定會被欺負的……小傑愈想愈心疼。他想了想，就跟晴說他願意借晴二十萬，這樣晴是不是可以不用去外面打工，也可以繼續玩遊戲了？晴告訴小傑，這樣應該可以撐幾個月，之後她會再思考有沒有什麼可以兼顧的方法。

就這樣，小傑匯了二十萬元到晴的帳戶。但晴給的是她媽媽的帳戶，因為晴說，錢都在母親那邊保管，這樣她也不會亂花。小傑聽了也覺得很安心，於是就繼續跟晴打著遊戲，兩個人互相彼此鼓勵打氣。

雖然兩人身在不同的地方，一個忙事業，一個忙準備出國，但是感覺卻比跟身邊其他人聯繫得更緊密。礙於晴的家教森嚴，兩人始終沒有機會可以約出來見面。不過小傑對於晴的感情卻越來越明確，他不想錯過晴這麼好的女孩，因此很有心的在遊戲中特意安排了在楓紅時節，帶著晴到一個美麗的仙林裡，在晚霞映照下，向晴深情告白。晴非常感動，她告訴小傑，說她內心也是一直朝著小傑奔去的，有時甚至希望這片仙林就是現實世界，他們就可以永遠在一起；晴更與小傑約定，將這一日訂為「棲霞之日」，來紀念他們在一起。

在一起的兩個月後，某一天，晴跟小傑說，媽媽腳最近出問題，可能要截肢，需要一筆醫藥費，大概五十萬元，希望小傑可以先借她幫他度過難關，不然她一個小女生真的不知道該怎麼辦？小傑一聽到，覺得這麼大一筆錢一時之間他也拿不出來，而且怎麼可能一次借這麼多錢給別人？因此，雖然晴苦苦懇求，但小傑仍堅持不願借錢。

突然有一天，晴告訴小傑，她朋友幫她找到一個男人，願意借她五十萬，唯一的要求是：要跟他睡一個晚上……她實在走投無路，因此會認真考慮要不要答應。但是這個男的是黑道，看起來很恐怖，晴很怕不知道會不會因此死掉或得到性病？可是為了媽媽的醫藥費，也只能犧牲自己了。

小傑當下聽到心愛的女人竟然要為了母親的醫藥費去賣身，覺得身為男朋友的他，一定要救晴。沒想到晴突然地就下線，電話也都聯絡不上。小傑很擔心晴真的答應陪那個黑道男子。於是趕緊告訴晴，他已經轉帳五十萬元到晴媽媽帳戶，要晴千萬不能去跟黑道過夜。

經過了兩三個小時，晴回訊息給小傑，說很謝謝他，已有收到錢，明天會拿去給醫生。謝謝小傑救了她跟她媽媽一命。

已經連續匯款共七十萬元的小傑，待冷靜下來之後，開始感到半信半疑，想說應該不會這麼倒楣碰到詐騙集團了吧？！於是提出不論如何都要見晴一面的請求，至少彼此交交朋友，也討論一下該怎麼還錢。

晴答應了隔兩天晚上在自己家附近餐廳見面，小傑這才鬆了一口氣。

到了約定的當晚，小傑買了一朵玫瑰花依照約定的時間到了餐廳等待，但就是等不到晴，也連絡不上晴。等了一個多小時之後，小傑開始覺得不太對勁，他懷疑自己被騙了！

這時候，突然有一個小妹妹出現了，她很慌張地告訴小傑，晴是她的姐姐，真的很抱歉，姐姐下午身體不適，現在去掛急診，不過為了今天的會面，晴有留一個小禮物要給小傑。小傑打開來看是一個可愛的手工肥皂，雖然心裡因為沒有見到晴覺得有點失望，但至少有見到晴的妹妹。他跟這個妹妹確認晴是不是都在打電動，或是媽媽之前是否有去做腳的手術等等這些事，晴的妹妹都很清楚，也都跟小傑一一確認，而且也知道是小傑借錢給她們家的，很感謝他……聽到這些，小傑這才放心不少。

隔天，晴又恢復了聯絡，跟小傑表示歉意。晴表示，當天因為是第一次見面，怕小傑不喜歡她，因此緊張地拉肚子又上吐下瀉，所以才去掛急診。她不斷跟小傑道歉，小傑反過來安慰晴……於是他們又如往常一樣的繼續在遊戲中當好夥伴；晴還是三不五時用遊戲要買點數或是要增加裝備為由，跟小傑借錢買……就這樣陸陸續續晴借貸了超過一百萬元。

時間一久，小傑也開始覺得反感，漸漸地不再借錢給晴，甚至要求晴要還錢。晴因此經常說出充滿厭世的話，甚至說自己活著沒有意義想要去死……小傑一直覺得這只是晴不想還錢的藉口。直到突然有一天，晴沒有再上線打遊戲，也沒有再跟小傑聯絡，小傑才覺得自己是不是被騙了？

小傑來到律所尋求我們的協助。聽他說完所有來龍去脈，我直接問他有沒有晴的真實姓名跟聯絡方式？結果從頭到尾，小傑知道的都只是網路的帳號，唯一能和真實連結的就是晴媽的匯款帳戶。

於是我們向警方報案告詐欺罪，並且調閱這個帳號資料，希望藉此能找到晴真實的身份。直到有一天，我們收到警方通知，案情有了一百八十度的大逆轉。

匯款帳號的持有人，的確是一名女孩子的母親帳號，而這女孩子真實身份是一位張姓女子。這位女子在一個月前，才在一個橋下將排氣管的廢氣導入車內自殺身亡，且留有一封遺書。

「婷，我對不起你，我無法給妳更好的生活，我只是一個騙子，欺騙了妳，欺騙了全世界。我每天出門不是去工作，而是去網咖；我在打遊戲，也欺騙很多人，買給妳的禮物，都是騙來的錢。我不想一直過這樣的人生，也難以給妳幸福，所以我走了，希望一切的錯誤都隨著我的離開而結束。」

看到這封遺書內容，我們嚇傻了！原來晴是個T，並且有一個女朋友「婷」，被詐騙的錢，都是為了買禮物給婷。後來警察也給我們看了這個晴的照片，其實就是那天冒充晴的妹妹的那個人，她就是晴。

一切終於真相大白了，但小傑卻無法接受，內心充滿了怨恨，心情久久不能平復。原本一顆善良助人的心，沒想到竟遭網路詐騙，就這樣白白被糟蹋！錢財損失事小，他曾付出的真心卻無處償討才最叫人傷心。

法律小學堂

近年來，網路詐騙層出不窮。以這起案例來看，利用他人感情上的信任而騙取金錢，已明顯犯了詐欺罪。詐欺罪是行為人有施用詐術的行為，且被害人因此而陷於錯誤，進而為財產上的處分行為。晴謊稱母親生病，讓對方誤信，就屬於施用詐術使人陷於錯誤的情形，而後受騙的人進而為錯誤的財產處分，例如：匯款五十萬，是可能成立詐欺罪的。

然而因爲在愛情的粉紅泡泡中，大多不會寫立借據或契約，因此在證據提出上面，特別是網路詐騙，經常會面臨無法找到現實世界中「被告到底是誰」的問題。

刑法

第339條

意圖為自己或第三人不法之所有，以詐術使人將本人或第三人之物交付者，處五年以下有期徒刑、拘役或科或併科五十萬元以下罰金。

以前項方法得財產上不法之利益或使第三人得之者，亦同。

前二項之未遂犯罰之。

為了小三，坐牢也甘願？！（婚外情的代價）

坐在我面前的王小姐，全身上下充滿著青春氣息，不論是樣貌、體態都相當姣好，如果不說，很難猜得出來，她已經是一個三歲多孩子的媽媽了。

王小姐沒有工作，平時就是專心帶孩子，有空的時候就去按摩、逛街、做醫美保養等。孩子的爸爸是位小有名氣的醫生，每個月提供高額的生活費讓她不愁吃穿……這樣的家庭生活想必羨煞不少旁人。然而，遺憾的是，王小姐並不是正宮，而是一個與她年紀相差三十餘歲男人的小三！她來找我，是因為那位男人的元配對她提告。

醫生跟元配有三個小孩，起初，王小姐只是擔任元配孩子的家教老師，因為經常到醫生家裡而相識。剛開始雙方只是在家教前後會遇到，僅止於打招呼、寒暄，但隨著時間久了、互動多了，醫生便常會在閒聊之間透露出與元配感情不太好。漸漸地，醫師開始不斷讚美王小姐的善解人意及聰慧，甚至後來更展開強烈的追求攻勢，除了不停的送名牌包包，還盡其所能的親自開車接送進出，王小姐平常買不起的衣服、吃不起的餐廳，醫生都一一滿足。為了維繫兩人感情，醫生更在市區金華地段買了一間小套房給王小姐，當作兩人愛的小窩。

醫生開始經常瞞著太太說要在醫院加班會住在醫院宿舍，或者用臨時有急事要回醫院等等理由常常沒有回家。隨著地下情越來越濃烈，醫生覺得王小姐才是真正能讓他感到放鬆、真正理解他的人，因此決定要和王小姐擁有愛的結晶。對於醫生而言，跟元配的家庭是責任，跟王小姐的家才是真正讓他覺得溫暖的歸屬。

終究，每個謊言都有被戳破的一天。心如刀割的元配發現老公心早已不再，甚至家庭開銷開始不願意負擔，於是找了徵信社取得老公外遇的證據，狠下心提告王小姐通姦罪。

王小姐與醫生連小孩都有了，基於過去王小姐擔任醫生小孩的家教，不可能不知道醫生有家庭這件事。我們經過評估，王小姐確實很難逃掉法律上的責任，因此我們向王小姐分析，不如認罪，向元配道歉，以求輕判。當下，王小姐眉頭一皺⋯⋯我們知道這建議跟她預期可以得到的答案有落差。確實很多人一開始來找律師時，都是希望能夠打到無罪，但是面對這種「證據確鑿」的事實，身為律師專業，我們還是需要向當事人分析對她最好的訴訟策略。

王小姐猶豫再三，因為在她認為：畢竟元配與醫生早在她介入之前就已沒有感情，而她跟醫生是真心相愛的，元配只不過是看她過得幸福而心有不甘，想藉機報復。她不願意認輸，更不願意輕易向元配道歉。

經過一週，王小姐再次來到律所做諮詢，這次她帶著醫生一起來，她提出一個比八點檔劇情還令人跌破眼鏡的想法─她要對醫生提告「強制性交罪」！

「只要我說我是非自願、是被醫生強迫發生關係的狀況下而生下小孩的，我就不是故意與有配偶的醫生通姦，如此一來，就可以免於通姦罪的刑責，更不用向她低頭道歉，她就無法得償所願的來告我了。」王小姐滔滔不絕、一口氣地把話說完。

陪同王小姐一起前來的醫生，則只是在一旁安靜的聽著她說。

聽完王小姐大喇喇地說著她的精心計畫，我轉向從踏進會議室後就一直保持沉默的醫生問：「萬一強制性交罪成立，你是要被關，而且還會有案底的，你真的要這麼做嗎？」

醫生當下毫不猶豫、堅定地表示：「我願意。」

其實，從一進來會議室，就看醫生幫著王小姐拉椅子、幫忙掛她脫下來的外套這些舉動看得出來，醫生是很呵護王小姐的。但是，我實在想不透，即使再相愛，就算是配偶，還沒有遇過深愛到願意為對方頂罪的（變怨偶的倒是不少）；而且，跟一年以下有期徒刑的通姦罪比起來，強制性交罪是可能被處三年以上、十年以下有期徒刑的重罪呀！姑且不論法律層面，光從刑度來看，這怎麼算都一定是不划算的交易呀！萬萬沒想到醫生連眉頭都不皺一下，如此堅決地表示他會認罪，只要能保護王小姐跟她的小孩，就算要被關也沒關係。此時，反而是我不知該說什麼是好！到底是該讚賞他為愛犧牲的勇氣，還是該替他將身敗名裂感到惋惜；更令人感到訝異的是：相較於和小三王小姐之間的愛之深，醫師和元配的感情及對待，真是天壤之別啊！

本來還想要勸他們三思的，但是從王小姐的態度和反應，我知道他們已經都商量過也決定好了。但是，面對已經完全與事實不符的指控，我實在無法接下這個案件的辯護工作，只能請他們另請高明。後來聽說，這案子真的照著王小姐的劇本執行，而醫生也如當天來跟我們諮詢時所說的一樣，完全沒有提出任何答辯，直接認罪，最後也因為性侵罪遭判刑確定入監服刑，王小姐獲判無罪。

這個事件，著實令我大開眼界，在一般社會大眾的認知裡所謂「玩玩而已」的婚外情，竟然可以演變到為保護一方，另一方竟願擔下一個性侵罪名並且為其入監服刑，也是讓人啞口無言。

「我渴望能見你一面，但請你記得，我不會開口要求要見你。

這不是因爲驕傲，你知道我在你面前毫無驕傲可言，

而是因爲，唯有你也想見我的時候，我們見面才有意義。」

這是來自法國知名女性主義作家西蒙波娃（Simone de Beauvoir）所寫的越洋情書；而其與存在主義大師沙特之間自由開放的愛情契約故事，更為世人所傳頌。他們相識於年少時，相伴一生，很多人會以為這段深情的話語是寫給沙特的，但實際上，這是波娃寫給另一個美國男人艾格林的越洋情書。當人們以為波娃與沙特是如此契合的愛侶時，波娃卻也曾同時在其他人身上尋覓熾熱的愛情；相伴一世的是他，但刻骨銘心的情書寫給的卻是另一個他，豈不耐人尋味？！

到底什麼才是真愛？拋家棄子、身敗名裂的付出，就是真愛的證明？還是背後有什麼我們不得而知的動力使然呢？或許，我終其一生都找不到答案吧？！

法律小學堂

通姦除罪化

2020年5月29日，司法院大法官宣示釋字第791號解釋，這號解釋是針對刑法第239條有關通姦罪的處罰所作成，解釋文直指通姦罪法條限制憲法保障性自主權，有違比例原則，應立即失效。

雖然在刑事方面無法對婚外情的受害者給予相關救濟的管道，但現行法律規範上仍然能提起民事訴訟，尋求另外的保障。

民法第184條——

因故意或過失，不法侵害他人之權利者，負損害賠償責任。故意以背於善良風俗之方法，加損害於他人者亦同。

違反保護他人之法律，致生損害於他人者，負賠償責任。但能證明其行為無過失者，不在此限。

民法第185條

數人共同不法侵害他人之權利者，連帶負損害賠償責任；不能知其中孰為加害人者，亦同。

造意人及幫助人，視為共同行為人。

民法第195條

不法侵害他人之身體、健康、名譽、自由、信用、隱私、貞操，或不法侵害其他人格法益而情節重大者，被害人雖非財產上之損害，亦得請求賠償相當之金額。其名譽被侵害者，並得請求回復名譽之適當處分。

前項請求權，不得讓與或繼承。但以金額賠償之請求權已依契約承諾，或已起訴者，不在此限。

前二項規定，於不法侵害他人基於父、母、子、女或配偶關係之身分法益而情節重大者，準用之。

結婚容易離婚難

若要提起在全球引人注目的知名人士三角戀情，那一定非英國查爾斯王子、黛安娜王妃以及卡蜜拉莫屬。黛安娜王妃曾在BBC的專訪裡說道：「我們的婚姻有三個人，所以太擁擠。（Well there were three of us in the marriage so it was a bit crowded.）」這段話更是廣為人知。而當時存在於黛安娜與查爾斯婚姻中間的卡蜜拉，不僅具前女友身分，查爾斯王子更經常向旁人提及：「卡蜜拉是少數願意傾聽他訴苦的好朋友。」

有人說，他和黛安娜這段沒有愛情的童話婚姻本來就是個錯誤！換做是你（妳），身在其中，你（妳）會選擇為愛與全世界作對，還是繼續為當初所選擇的婚姻負責呢？

曾經有人說過：「愛情會隨著時間愈來愈淡化，最後剩下的可能只有『婚姻』的空殼。」

還記得許多年前，曾經處理過一個離婚案件：委託人是一位徐先生，與太太結婚二十幾年，三名子女也都已長大成人。但是在這漫長的二十多年婚姻中，有十幾年的時間，徐先生與徐太太是分居狀態，兩人之間不僅沒什麼互動，徐先生更坦言，他早已跟一名陸小姐一起生活了。

「陸小姐的存在」太太一直都知道，太太雖然不滿，但基於兩人之間早已無話可說，更遑論吵架的動力，於是就這麼相安無事許多年。這麼多年以來，兩個人一直背負著家庭的枷鎖，好不容易熬到小孩們都大了，徐先生嚮往自由，想要出去尋找屬於自己的愛情。雖然陸小姐從未主動要求過什麼，但他總覺得該給陸小姐一個交代；加上陸小姐也生下了孩子，明明是自己的親骨肉，卻只能註記「父不詳」，這讓徐先生耿耿於懷。反覆思量後，他決定與太太開誠布公地說清楚，盡快結束這段只剩空殼的婚姻，才是對大家都好的選擇。

徐先生的決定，無疑是對原本的家庭再一次的重擊！徐太太已經不管徐先生在外面做什麼，想怎麼樣都隨便他，只要別帶回家。但如今竟然為了外面的女人，連她的家庭都要粉碎，她說什麼都不答應！三名子女更是無法理解，他們認為，這麼多年來，爸爸總是在外，現在還想拋家棄子，無疑是家庭的叛徒；叛徒憑什麼還想要求跟小三擁有正大光明的幸福？

雖遭徐太太以及子女的嚴重不諒解，但徐先生仍堅持離婚，在僵持不下的狀況下，就只能提出離婚訴訟。徐太太不僅一口回絕任何私下調解的機會，對於離婚後的夫妻剩餘財產分配，徐太太也希望就徐先生婚後的財產全數進行分配。

一旦牽涉到金錢問題，兩人更是毫無情面可言。

雙方之所以在財產分配上如此針鋒相對，是因為徐太太的娘家是大地主，當初婚後不久，娘家的農地因為重劃而開始跟建商合建，使得娘家跟徐先生都分到很多房產。徐先生不用工作，每個月就有數十萬元的房租收入，光是靠租金就能維生，這些在法律上都算是婚後取得的財產，雖然徐太太當時也有分配到一些房產，但是她已全數把這些房子分別過戶給三個小孩，形成徐先生名下仍有許多不動產，徐太太卻沒有任何財產的情況。在分配的過程中，徐先生的房產必須要換算成等值的現金價值，再將其對半轉給太太，才符合法律上「剩餘財產」分配的規定。

在訴訟上，房產的價值通常會找不動產估價師來估算。徐先生名下的房產隨便一算都是一大筆上億的價值，因此徐先生常常來跟我們開會討論，到底財產該怎麼計算才合理；還有，針對徐太太主張徐先生過往的種種不是，從蜜月的爭吵、小孩出生後的照顧分配、家事的卸責……他要怎麼抗辯等等，聽到的盡是一件件婚姻裡的失敗、醜陋及難堪的回顧。

這件離婚訴訟拖了一段時間，在陸續的開會過程裡，我看到徐先生的臉頰上開始長出了腫瘤，而且越長越大。

有一次我詢問徐先生：「臉上的這個瘤是怎麼回事？」

「我也不知道，但也不想去驗，可能是壞的也可能是好的。但其實我已經心力交瘁，置生死於度外，沒想到離婚分產訴訟是如此的折磨人，要不斷地把過往幾十年來跟太太的傷痛挖出來，彼此不休止地刺激跟傷害，不停地在彼此的傷口撒鹽……或許因此才會讓身體開始出現狀況，失眠、憂鬱，甚至臉上長出毒瘤。但我已無力回頭，只希望有生之年把官司打完，把財產分配清楚，才能給陸小姐跟那個沒有爸爸的孩子一個無後顧之憂的生活。」徐先生無奈地吐露心聲。

這案件一開始的前兩年，一直都只有跟徐先生一個人開會，後來隨著徐先生的身體狀況越來越差，陸小姐也開始會陪伴扶著他一同前來。

會議過程中，並沒有看到電視劇裡小三常上演的：一哭、二鬧、三上吊戲碼，反而是每每看到徐先生講到激動處，陸小姐就會出面制止，叫徐先生放棄、不要再繼續告了；或者試著說服徐先生，就都給對方吧，反正自己還有賺錢能力，存下來的也足夠過簡單的生活了，不要再這樣耗下去，最後人沒了，才真的什麼都沒了！但是徐先生怎麼都聽不下去，為了爭一口氣，堅持要跟徐太太纏訟到底。

就這樣，如此磨人的官司打了近五年之久。

我能想像徐太太應該同樣也遭受很大的折磨，雖然開庭不用徐太太本人親自到庭，但是從對方律師的言詞中，透露出徐太太住院的訊息……。

眼看著原本的一對佳偶變怨偶，就為了把共有的財產分清楚，竟花了如此長的時間與心力，不僅撕裂了感情，更傷害了彼此的身體健康，值得嗎？若是在這場戰爭中，有一方願意先放手，是不是就不會演變成如此不堪的局面呢？但，誰又是那個先該放手的人呢？

查爾斯王子在2005年與卡蜜拉結婚，兩人結婚多年來感情緊密，外界批評的眼光也拆散不了他們。對於查爾斯王子來說，也許他用時間證明了卡蜜拉是他的真愛，為了卡蜜拉，他不惜背負諸多的罵名，只願追求他心中的嚮往。然而，黛安娜王妃曾說過：「家庭是世界上最重要的事。（Family is the most important thing in the world.）」或許也道出許多為人妻子的心聲；身為妻子，無論如何想守護的就是屬於她的家庭。

我相信，人人都希望能如童話故事般的結局：王子與公主婚後，從此過著幸福快樂的日子……然而，當家庭與愛情已經分裂時，什麼才是最正確地選擇呢？答案或許無解，但唯一能肯定的是：不論哪一方，勢必都有段傷痕累累的路要走。

法律小學堂

夫妻剩餘財產分配

在現行法律上，除非夫妻結婚之後有特別約定分別財產制，不然依法會適用「法定財產制」，也就是夫妻婚後的財產原則上是共有的，而如果法定財產消滅事由發生的時候（例如：離婚、其中一方過世），夫妻「婚後財產」比較少的一方，可以向另一方主張剩餘財產差額分配請求權。

民法第 1017 條

夫或妻之財產分為婚前財產與婚後財產，由夫妻各自所有。不能證明為婚前或婚後財產者，推定為婚後財產；不能證明為夫或妻所有之財產，推定為夫妻共有。

夫或妻婚前財產，於婚姻關係存續中所生之孳息，視為婚後財產。

夫妻以契約訂立夫妻財產制後，於婚姻關係存續中改用法定財產制者，其改用前之財產視為婚前財產。

民法第 1030 條之 1

法定財產制關係消滅時，夫或妻現存之婚後財產，扣除婚姻關係存續所負債務後，如有剩餘，其雙方剩餘財產之差額，應平均分配。但下列財產不在此限：

一、因繼承或其他無償取得之財產。

二、慰撫金。

夫妻之一方對於婚姻生活無貢獻或協力，或有其他情事，致平均分配有失公平者，法院得調整或免除其分配額。

法院為前項裁判時，應綜合衡酌夫妻婚姻存續期間之家事勞動、子女照顧養育、對家庭付出之整體協力狀況、共同生活及分居時間之久暫、婚後財產取得時間、雙方之經濟能力等因素。

第一項請求權，不得讓與或繼承。但已依契約承諾，或已起訴者，不在此限。

第一項剩餘財產差額之分配請求權，自請求權人知有剩餘財產之差額時起，二年間不行使而消滅。自法定財產制關係消滅時起，逾五年者，亦同。

正義只是遲來，不會不來

「有老蓋在，品質都不用我們操心！」「老蓋做出來的真好！」只要是老蓋的生意夥伴，總是常常聽到這樣類似對老蓋的評價。

老蓋本身是一個軍方工廠的廠長，生性嚴謹的他，做起事來一絲不苟、有條有理。在老蓋來之前，工廠有許多行之有年的灰色地帶、軍中潛規則等等，導致營運管理有些狀況，面臨這樣的問題，老蓋並沒有逃避或沿習，反而決定身為廠長要站出來作出改革。

果然，在老蓋的整頓之下，許多制度及問題都獲得解決，工廠有了全新的面貌，效能也變得相當好，不僅能準時出貨，出廠的軍用品瑕疵也很少，很快就成為軍方評鑑的優良工廠。而與老蓋合作的供應商及民間的工廠，對於這一切的變化也都看在眼裡，他們對老蓋的改革過程都感到相當讚賞，覺得老蓋是一個難得的管理人才，品德也相當正派，不會一味的只想要坐領高薪，對於問題卻坐視不管，因此許多公司也都很希望能延攬老蓋到自己的企業裡來發展。但每次私下探詢老蓋的意願，他卻總說放不下工廠裡的兄弟們，等晚一點退休再說吧！

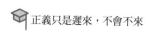

終於，老蓋退休了，馬上就有民間企業以高薪請他去坐鎮，擔任公司總經理，希望能夠把他們的工廠整頓得跟老蓋任職的軍工廠一樣有效率。

那間公司董事長之所以高薪聘請老蓋出馬，一方面除了老蓋是個優秀的管理人才外，另一部分則是因為這間公司內部存在相當多的問題，就像當初的軍工廠，同時礙於許多股東、高層都是相識多年的舊朋友，董事長不方便直接介入，因此急需個有能力的人進來大力改革一番，剛好有整頓經歷的老蓋就成了不二人選。

老蓋到任新工廠不久，馬上意識到公司問題所在。其中一個最大的問題是：工廠的股東常常把工廠當作私人提款機，一有金流上的需求，就來跟工廠借，完全沒有站在公司管理立場思考，也不管公司本身營運也是需要穩定的現金流；而過往工廠的會計也因為股東們都是老闆，這種現象早已行之有年，不好拒絕。然而工廠本身的金流根本不足以應付各種股東的私人金錢需求，只好四處借款湊錢，甚至有時候還因此沒有錢可以支付相關零組件的貨款。

如此混亂的金流現象與私人借款問題，成了老蓋到新工廠第一個要整頓的部分。老蓋做事的個性一向不偏不倚，完全按照規矩來辦事，老股東們當然是看不順眼，而且相當不滿，他們覺得老蓋就像硬梆梆的石頭，不知變通！每回當他們又要挪動款項時，不論怎麼好說歹說的，老蓋不借就是不借！老股東們眼看著原先的私人提款機瞬間消失，原本的小金庫被鎖上了，就如同到嘴的肥肉瞬間被拿走，各自的私人投資規劃將因此受阻，都紛紛急得跳腳。

心有不甘的股東們聚在一起，思考該如何反擊、把老蓋趕走，奪回他們認為「原屬於他們的一切」。股東們開始找老蓋麻煩，內部流傳各種謠言：有人說老蓋到了私人企業後，人品問題開始浮現出來，很多公關費用實際上都是用來喝花酒；甚至早在之前的軍工廠就是這種人，只是沒有被爆出來而已。另外，在中秋節前夕，老蓋請工廠人員去買中秋節禮盒，也被說老蓋假藉中秋節送禮的名義，實際上是中飽私囊、圖利自己；還有一次，老蓋出差去大陸，因為拿回的工廠樣品體積比較龐大，買了一個旅行箱來裝，被股東們發現，也被大肆渲染說老蓋趁公差期間私購了許多私人用品、報公帳奢華消費；又說老蓋被發現有多筆說不清楚的品目款項等等。

面對諸多無端指控，老蓋這種軍人個性當然是不能忍，更不能受辱的。所以，當董事長想要找他來釐清事實時，老蓋心裡一股火冒上來，什麼也不多說，直接揮揮衣袖走人。只是沒想到，老蓋的離開還不足以讓股東們滿意，這些股東為了讓老蓋的離開更合理化，甚至要求工廠老闆去提告老蓋。

董事長聽到這麼多流言蜚語，同時在沒有獲得老蓋任何解釋的情況下，心中難免起疑，便欣然同意股東們的提議。如此一來，股東們才真的落實了老蓋「畏罪請辭」的莫虛有罪名，才覺得總算出了一口氣。

面對老股東們的無情追殺，老蓋透過關係找到我。我跟老蓋一談，從會議中見老蓋的談吐就知道老蓋的軍人性格，說直接一點，還真是一板一眼的，我想平時就算在四下無人的街頭，他看到紅燈，也不會有想要闖馬路的念頭吧？！人前人後都按著規矩走的人，絕對是無法接受身上有任何一絲汙點，更何況是被人栽贓嫁禍；甚至光是「被人提告」這件事，或許已經是他這輩子的奇恥大辱了！「名譽」是他一生中最重要的價值。

坐在我對面的老蓋，描述整個事件過程時，雖然邏輯清晰，但仍能感覺到他因此事而消沉、氣色黯淡無光。看他提供過往管理數千人，還有創造出來的工廠價值紀錄，我想當時老蓋意氣風發的樣子，跟眼前的他一定判若兩人。

「受人之託，忠人之事」，這是老蓋對於這份工作的想法，簡單明確。他實在不能接受他只是想把份內事做好，為什麼反而會演變成這樣？明明公司發展得好，股東大家也才都能受益，為什麼偏偏就要把整間公司搞到快倒閉了才開心呢？每回夜深人靜時，他在工廠加班思考如何改革，那些股東可是悠哉地在吃香喝辣呢……我從他的語氣裡，聽得出他受了不少的委屈。

我跟老蓋說：「官司是一時的，你的清廉跟清白時間一定可以證明，但若是因為被人提告就這麼無止盡地意氣消沉，人生就這樣不順遂地過了，那才真不值得啊！這些惡劣股東們的詭計，千萬不能讓他們得逞，一定要努力振作，盡快回到自己的崗位上發揮才能，相信有很多曾經和你合作過的老闆們一定都清楚你的為人，也很需要你的幫助，訴訟請放心交給我來扛，我會幫你擋住這些股東們的炮火，但你務必要盡快振作起來。」

幾次會談下來，老蓋果真有改變。一方面是經過多次分析後，他知道自己沒有做過的事情只憑對方的空口白話，進到法律程序也是沒用的，還是要看證據的，不會讓對方隨便栽贓；另一方面，原本意志消沉的他，在我陪他一次又一次的出庭，經過我們與檢察官說明案情原委，讓檢察官清楚知道股東們的提告是另有目的，老蓋就更有信心地走出沮喪。

有一次開庭之後，老蓋神采奕奕地跟我閒聊，他說最近有了新工作，一家供應商老闆邀請他去當總經理，雖然被前東家提告的事情在業界傳得沸沸揚揚，許多股東在外四處散佈謠言，但因為這供應商老闆過往跟他合作多年，完全不相信這些流言蜚語，也相信老蓋一定是被陷害的……於是，老蓋決心要振作，答應了這個工作。老蓋心想：「與其被訴訟官司壓垮，不如在工作上努力，藉著轉移生活重心才不會整天為官司問題所苦。」終於，我看到了委託人老蓋，其人生轉折點要開始不同了，我也更鼓勵他，不用擔心，儘管用商場的實力證明自己的清白，而我在法律上也會助他一臂之力的。

終於，歷經了三年多的時間，股東們總共告了老蓋四個刑事官司，通通獲不起訴；反過來，我們替老蓋告了這些股東們誣告、妨害名譽等等官司全數起訴。

走出法庭，我跟老蓋仰望青天，我們都相信「正義雖然遲來，但不會不來。」只要有足夠的時間跟力氣，努力不懈地爭取，最終會還我們清白以及給我們公平的回報的。

現在的老蓋，官司已經打贏，對他而言，名譽恢復、事業也經營的有聲有色，每當我們在高爾夫球場一起打球，聽到別人有類似的遭遇的時候，老蓋就會想到當初我陪他走過人生最低潮的那一段，總是不斷地感謝當時我能出現在他的人生中；而我同樣的也很有幸可以幫到像老蓋這樣的人才，能用我的專業挽救他的人生，讓我在律師執業生涯裡，充滿成就感以及助人的快樂回報！

法律小學堂

誣告罪

有些人可能因爲有糾紛，出於報復，想要利用警察、檢察官等公權力陷害仇家，但是，這樣的行爲不僅浪費國家司法資源，更會造成檢警司法單位需要耗費大量人力、物力還有時間去調查釐清，因此對於這樣故意要陷害他人的行爲，於刑法上訂有誣告罪的處罰。

刑法第 169 條——

意圖他人受刑事或懲戒處分，向該管公務員誣告者，處七年以下有期徒刑。

意圖他人受刑事或懲戒處分，而偽造、變造證據，或使用偽造、變造之證據者，亦同。

刑法第 170 條——

意圖陷害直系血親尊親屬，而犯前條之罪者，加重其刑至二分之一。

刑法第 171 條

未指定犯人，而向該管公務員誣告犯罪者，處一年以下有期徒刑、拘役或九千元以下罰金。

未指定犯人，而偽造、變造犯罪證據，或使用偽造、變造之犯罪證據，致開始刑事訴訟程序者，亦同。

拜託，別讓我含恨而終！

俗話說：「養兒一百歲，長憂九十九」。孩子是許多父母一輩子努力想要守護的目標，希望他們衣食無憂、有一番事業。

林董是一位商場界的霸主，白手起家的他靠著自己一步一腳印的努力開了很多商場，消費者絡繹不絕，在業界呼風喚雨、有著舉足輕重的地位，經常只需要林董一聲令下，就可以把冷門的商場炒得熱熱鬧鬧，多年來林董相當有聲望，也累積了可觀的財富。

林董家中有三個小孩，老大繼承了林董的衣缽，在林董的協助下開了很多商場；老二則是到了美國發展，唸書唸得很好，畢業後就在美國投資房地產，發展得有聲有色；而老三則是跟在林董身邊，協助林董的事業。

隨著林董年紀越來越大，其身體狀況已大不如前，開始面臨事業交棒的問題。林董就如同大多數的家庭，並沒有主動提過任何關於遺產分配、死後由誰繼承家業的問題，但其實他一切都看在眼裡。據他平日觀察：老大雖然很有衝勁，也很有創造力，但做事太冒進，思慮不周，導致林董常常要幫忙處理善後，例如：老大前陣子至中部開發一間新商場，公司耗資好幾億，結果經營不善。主要原因是在於老大事先沒有做好縝密調查，雖然公司投資的硬體設備很棒，但是人潮不多，最終虧本收場。所以對於是否要把事業交給大兒子，林董內心相當猶豫。

至於老二則遠在美國，雖然最初有跟爸爸借錢去投資房地產，但相對穩定，發展至今，整體收入報酬也很不錯，也將跟爸爸借的錢都還清了。只是老二遠在美國，平常也沒有接觸林董的事業，不太可能請老二回來接棒；考慮老二已經在美國成家立業、落地生根，實際上比起老大，老二接手林董事業的可能性又更低了。

而老三則在林董身邊一直協助林董，雖然老三也很細心，也很勤奮，但是缺點在於老三為人沒有企圖心也沒有野心。林董深知這個兒子雖然乖巧，但在商業界只能守成，無法帶領整個集團開創新的局面，而林董也意識到自己的事業，若是未來沒有轉型，終究會被淘汰，所以要交棒給老三，也是讓林董無法放心。

就這樣，林董一直猶豫不決，身體健朗時也不覺得需要馬上決定，因此遲遲沒有安排交棒。隨著年紀漸長，林董身體慢慢地也每況愈下，大兒子眼見爸爸健康狀況亮紅燈，一次次住院的間隔越來越短，擔心可能在某一次的住院，萬一就無法救治，後續遺產該如何是好？雖然他是長子，但另外兩個兄弟會不會趁虛而入，跟他爭奪經營權？隨著內心的擔憂與日俱增，某次趁爸爸住院時，大兒子便臨時委託我們到台大醫院病房內要幫林董寫遺囑。我們經常會受委託要到醫院幫病人處理遺囑，不過這也是我第一次到台大醫院VIP病房內，我放眼所見的是與健保病房截然不同的配置，有客廳、廚房，還有兩房供休息的豪華病房。見到林董時，他身體還算硬朗，簡單寒暄後，了解到這回只是因為要照腸胃鏡，全身需要麻醉，林董擔心麻醉的風險，因此想請我們先協助立遺囑，以防自己麻醉後醒不過來。

在問候閒聊中，我問林董：「你現在就想立遺囑嗎？」

林董看起來很猶豫。

我找到機會又再問一次：「是不是大兒子希望你立遺囑？」

林董望著我，停頓了幾秒鐘後，沉重的回答：「是的。」

這不是我第一次遇到這類遺囑案件，看著他五味雜陳的眼神，我心中難免有點感慨：在商場上呼風喚雨，面對家庭卻也是諸多的無奈！

我問林董：「你是不是還沒想好要怎麼立遺囑？」

林董說：「是的。」

在這樣的狀況下，我評估林董還需要多一點時間好好思考；如果要立遺囑，也該想清楚相關遺囑的分配方式。

在跟他大致講解說明後，我詢問他：「因為遺囑並不是兩三句話就可以解決，尤其你的狀況涉及的財產龐大、種類也相當多，還是你想一想要怎麼安排再跟我說。我先回去，等你想好再告訴我？」

林董當下似乎鬆了一口氣，對我微笑點點頭。但沒想到，我隔天竟然臨時又收到通知要去醫院幫忙林董立遺囑。我內心充滿疑惑，昨天看林董的眼神，應該是需要一段時間跟家人協調溝通、整理自己的情緒，怎麼這麼快就又要立遺囑，莫非是出了什麼事？

到達病房外，大兒子就直接告訴我，他已經跟爸爸溝通好了，沒問題了，請我今天就幫忙處理好。

進入病房，為求謹慎，我再一次問林董：「你確定都想好了嗎？今天要立遺囑？昨天我們提過的財產想要怎麼分配呢？」

林董今天少了猶豫，而是直接告訴我：「我決定了，我打算把所有的財產都留給大兒子。」

聽到這句話的當下，我非常錯愕，畢竟這裡面還有不少法律問題。

我問林董：「你只有這個兒子嗎？其他兒子不會有意見嗎？這樣分配方式，就算你立了遺囑，未來還是很有可能會有遺產紛爭發生。」

林董無奈地告訴我：「沒關係啦，現在都是大兒子在照顧我，我想遺產都留給他，他比較能照顧我的晚年。」

身為律師，在分析完相關利弊風險後，還是會盡量尊重當事人的決定。在跟林董逐項分析後，他雖然知道後續二兒子跟小兒子會有意見，仍明確表達要依此撰寫遺囑。我們便開始依照林董的指示進行。

因為林董的遺產眾多，所以光財產明細，就寫了快十頁A4紙；加上要確認相當多的事項，也花費好幾個小時。過程中，我也自然地找機會跟林董聊聊，為什麼在這麼短的時間內會有這樣巨大的轉折？林董偷偷告訴我：「大兒子昨天就一哭二鬧三上吊，最後說，如果我不把財產留給他，他從今以後不會再見我，也不會照顧我了。我身體也老了，年紀也大了，我真的需要有人幫忙照顧……想想還是算了，反正晚年能順利走完比較重要，這些財富，就讓大兒子自己處理吧！」

聽林董這麼說，我也能理解他的決定，與其身邊無人照料，不如依照大兒子的想法，至少晚年有人陪伴，不會孤獨面臨死亡。而把財產留給大兒子，也是無可厚非，雖然會有紛爭，他也想不到更好的方法了。

就這樣，遺囑立好了，這個案件也就結束了。

沒想到，時間過了半年多，突然有一天，我又再次接到林董通知，他要我再次去台大醫院幫他立遺囑！這一回，我真的一頭霧水了。

我問林董：「你不是遺囑立好了，這次有什麼要修改的嗎？」

林董生氣地說：「我要立新的遺囑，我要把所有財產給小兒子，不要給大兒子了！」

當下我真的嚇到了！這等同完全推翻上一份遺囑的所有內容。這段時間到底是發生什麼事呢？林董要我去醫院當面細談。

這次到了醫院看到林董，只見他虛弱很多，身體整個都腫起來，很不尋常。詢問後才知道，林董的肝臟發炎了，所以整個代謝出問題，水腫只是一個症狀，必須要開刀切除部份的肝臟；而因這項手術有風險，他內心對於遺囑有新的想法，才需要在開刀前再立一次遺囑。

這次病房裡已經不見上次緊跟在林董身旁的大兒子，而是林董最小的兒子隨侍在旁。林董說半年前，他立完遺囑，大兒子好像變了一個人，開始對林董越來越不客氣，起初還有每天來問安，後來逐漸越來越少；他有時會請大兒子幫忙送些保健食品或中藥過來，大兒子愛理不理，這段時間的變化讓林董很失望。另外，大兒子也常跟林董周轉借錢，說是自己的公司經營上出現一些資金缺口需要資助，兩人還因此發生不少口角……大兒子表現出來的態度，一副像是「那些錢反正都會是他的，他現在使用有何不可」，讓林董實在看不下去，所以才決定重新立遺囑。小兒子都是林董隨時召喚就會出現，所以這段時間林董真的覺得雖然小兒子能力不好，只能守成，但至少比大兒子把事業敗掉的速度還慢，而且小兒子很乖很聽話，應該可以照顧他的晚年，因此決定重新立遺囑把財產留給小兒子。

於是，我也就再依照林董的指示，協助立了一份新的遺囑。

小兒子也知道自己即將成為林董所有財產的唯一繼承人，雖然不敢表現出喜悅，卻可以看出那開心的神情，顯然小兒子對於父親的遺產也覬覦許久。身為旁觀者，我當下不便多說什麼。

再次立遺囑過後的三個月，我又收到小兒子的通知。小兒子告訴我，父親過世了，我非常的驚訝！明明我上次看到林董人還好好的，怎麼突然就過世了？小兒子跟我說，從上次我協助林董立遺囑後，林董就告訴大兒子，他已經改立遺囑，要大兒子不要以為遺產都會留給他。大兒子非常的生氣，就跑來跟林董理論、大吵一架，林董氣到身體不堪負荷因此住院。大兒子趁林董住院期間，把二兒子叫回來台灣，告訴二兒子，爸爸要把全部的財產給小兒子。二兒子聽到自己一分錢也分不到後，非常的生氣，以為是小兒子為了謀奪父親的遺產才隨侍在旁。因此，二兒子一回台灣就找小兒子談判，要求他遠離爸爸，不能這樣控制父親；甚至趁著林董住在台大醫院昏迷的期間，竟然想辦法把爸爸轉院到其他醫院去，並且讓其他兩個兒子都找不到爸爸，直到爸爸即將往生，才通知他們來見父親最後一面。更令大家錯愕的是，二兒子竟然還拿出一份爸爸的遺囑，內容是爸爸將所有的財產都留給二兒子……這樣的轉折，真的讓大兒子、小兒子都難以置信！爸爸竟然在這麼短的時間就過世，而且竟然還有一份新的遺囑是把所有財產都給二兒子！到底爸爸是怎麼死的？是自然死亡，還是被害死的？兩兄弟內心裡無數的疑問，只能是羅生門了。

這些種種的疑問，只有透過司法的漫漫長路才能來一一揭開。小兒子也找了律師，要告二兒子的遺囑是假的、是偽造的；而在案件中，協助撰寫遺囑的我，竟變成是去證明小兒子的那份遺囑是真的。

當律師的執業過程裡，還真是什麼戲碼都看盡了！即使生前是叱吒風雲、呼風喚雨的企業家，沒想到晚年因為沒有提早做好規劃安排，反讓自己的財產變成家庭紛爭的導火線，甚至落得難以安享晚年、子女接連親情勒索，翻臉不認人的下場，甚至連要見子女最後一面都那麼困難，活生生的就成了孩子們爭奪利益下的犧牲者，著實令人不勝唏噓啊！

法律小學堂

民法

第1219條——

遺囑人得隨時依遺囑之方式，撤回遺囑之全部或一部。

第1220條——

前後遺囑有相牴觸者，其牴觸之部分，前遺囑視為撤回。

第1221條——

遺囑人於為遺囑後所為之行為與遺囑有相牴觸者，其牴觸部分，遺囑視為撤回。

第1222條——

遺囑人故意破毀或塗銷遺囑，或在遺囑上記明廢棄之意思者，其遺囑視為撤回。

弱智阿明的殺人事件

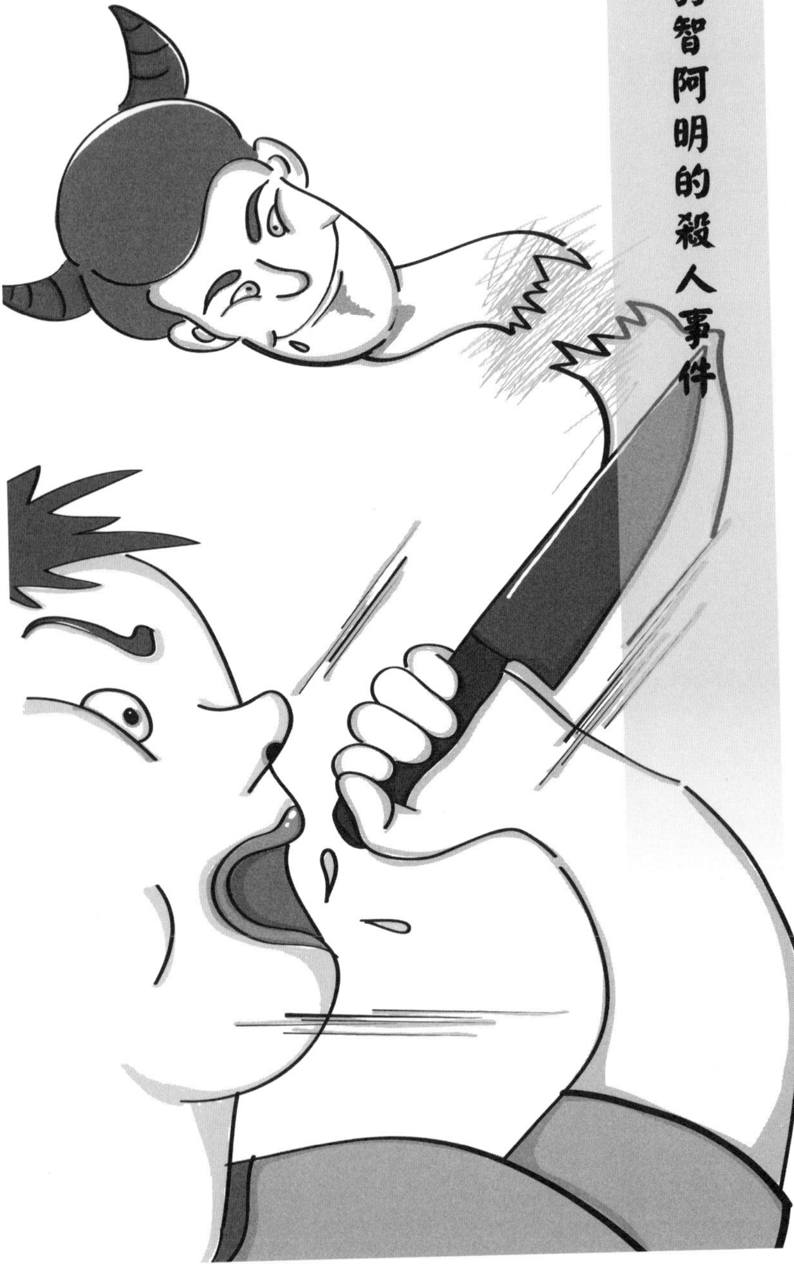

是宿命的安排，讓阿明姊弟二人相依為命；在日常生活上，彼此更是心靈的靠岸。姊姊心中永遠記著這句話：「就算忍受著孤單寂寞與命運的拖磨，幸福，也只是希望弟弟能夠平平安安，再怎麼苦都值得。」

殺人，是最嚴重的刑事犯罪。我不喜歡接有關於涉及死刑的辯護案件，因為這樣的案件常常讓我天人交戰，在辦案之時，也可能會隨時遭人指指點點，甚至蒙受莫須有的罵名與羞辱。況且，死者為大，我又為何幫助加害者辯護或脫罪呢？可是，我卻是遇上了這麼一宗殺人案件，如果法官真要判當事人死刑或重刑，那麼我絕對是無法接受的，因為這不真的全是當事人的錯，或是可以說是命運的捉弄！

整個案情很簡單，可是背後的原因，卻讓人充滿悲傷、難過與無奈。如果真有神明的存在，我願誠心為這位當事人祈禱，並用盡全部的心力向法院爭取最少的刑期。

這位當事人叫做阿明，涉嫌殺了他的表哥，而且是罪證確鑿、人證物證俱全。律師的專業告訴我，這樣的案件有需要辯護嗎？當事人要考量的，應是認罪及如何賠償，再向法官請求減刑吧！我第一次和阿明的見面，就是去台北看守所探望他，看到他的樣子，真的讓我很訝異！阿明個子矮小，是一個年紀大約四十歲左右、表達能力很差的男子，一跟他講話便知道他的智商不高。

一坐下來，我問他：「為什麼要殺表哥？」

阿明卻只是不斷地重複說：「要保護姊姊，要保護姊姊……表哥是魔鬼！」聽到這樣的回答，身為執業律師的直覺告訴我，「這個案件不單純！」一定有著不為人知的內情，並不像我們看到的表面那樣簡單。但令人頭疼的是：我面前的這位當事人，幾乎可說是毫無陳述表達的能力，要問他事情的來龍去脈，無異是緣木求魚或問道於盲。

阿明從小跟著姊姊小花在基隆長大，一出生就是個弱智的孩子；而且，阿明姊弟家裡的經濟環境也很差。當時父母親沒有辦法把阿明送去接受專門的特殊教育，於是阿明就跟著一般人的生活及學校教育下慢慢地長大。可想而知，一個智能不足的孩子，肯定是處處被其他的小孩欺負或捉弄。

由於父母親都是外出工作，在家裡沒有大人的情況下，為免弟弟阿明被鄰居或親戚的小孩欺負，姊姊小花從小開始就在阿明身邊身兼保護之責，「出手相救弟弟阿明」對姊姊小花來說，幾乎是每天都要上演的戲碼。兩個人從小就相依為命、相互依靠，隨著日子一天一天的過，他們也慢慢地長大了，然而對於智能不足的弟弟阿明來說，除了身體的模樣改變之外，時間彷彿是在他身上停止了，阿明像是個永遠長不大的孩子。

阿明跟小花的表哥，就住在二姊弟家的隔壁，身型孔武有力，從小就常常追打弱智的表弟阿明當作是玩遊戲；調戲表妹小花更是家常便飯的娛樂。兩姊弟自小就在表哥的暴力陰影及恐懼中長大，時時要擔心害怕這個表哥，但卻有苦難言。

表哥在上了國中之後，不喜歡讀書，便在外面混幫派，喝酒、吃檳榔樣樣都來，也常常喝得酒醉醺醺地回家。有一次，喝醉酒的表哥在晚上看到了剛放學回家的表妹小花，當時的小花雖然只是小學六年級，卻已出落得相當美麗。小花的身形引起了表哥的邪念，精蟲上腦的表哥，竟然把小花拖去廁所強姦，而阿明在廁所外面聽到姊姊小花的尖叫與呼救，拚了命的想要敲開廁所的門救姊姊，但卻無能為力，只能在廁所外不斷地哀嚎求救。但是，叫天天不應、叫地地不靈，在無人出手幫助的情況下，小花就在廁所內被表哥性侵得逞。事後小花跟阿明姊弟二人，只能一整晚抱頭痛哭，別無他法。

從此以後，姊姊小花對於自己被玷汙的身體覺得骯髒不已，開始自我放逐的生活。國中畢業以後就再也沒有繼續求學，反而進入八大行業打工，即使是賣淫也無所謂，因為姊姊小花已經覺得自己就是一個再怎麼洗也不會清白的軀殼。身心受到重創的小花，一天又一天過著行屍走肉般的日子，心中唯一割捨不下的就只有那弱智的弟弟阿明了。

弱智的弟弟阿明即使成年了，但仍是一個言語及智能無法表達完整的人，相較於以往並沒有什麼不同。然而雖然智能不足，但對於唯一會保護他的姊姊，在他眼前被表哥性侵的場景，卻造成了他心靈上永遠無法抹滅的傷害。阿明在心中暗自想著，他已經長大了，要保護姊姊不再被人侵害，總有一天，一定要幫姊姊報仇。只是阿明卻也常常因為闖禍而進出精神療養院，姊姊也只能利用有空的時間，到療養院探望阿明。

命運的轉輪來到了阿明四十歲那一年。

過年前，姊姊小花去療養院接弟弟阿明一起回老家，準備開開心心的一家團圓過年。正當姊弟二人準備吃團圓飯的時候，此時已經成為地方角頭的表哥，喝得酩酊大醉回家。表哥看到了好久不見的小花，在酒意的刺激之下，想起了以前曾對小花的性侵，隨即用難堪的言語戲謔小花。

「咦？妳怎麼回來了？不是在茶室上班嗎？我朋友阿炮說妳現在身材變差了喔，是不是生意不好了？」

小花聽到表哥這樣講，當下就非常的生氣跟難過，便開始跟表哥對罵。

二個人愈吵愈兇，聲音也愈來愈大聲尖銳。而此時剛從門外要走進來的阿明，在聽到了小花跟表哥的叫罵聲，似乎觸動了他埋在內心深處的引線，多年前的那一幕彷彿又要上演。此時的阿明再也不是當年那個軟弱無力的小孩子了，他也不再容許這個人面獸心的表哥欺負姊姊；成長的經驗讓阿明知道，刀子是可以保護姊姊的。因此阿明馬上衝進廚房拿了把水果刀，一個箭步之下，冷不防地就朝向表哥身體的左下腹部刺入，當下阿明的表哥就肚破腸流、血流如注。或許表哥平日就做惡多端、惡貫滿盈，冥冥之中的報應來了，表哥送醫後不治死亡。

這個故事不是弟弟阿明告訴我的，因為他不僅言語表達能力很差，也無法完整記憶跟陳述，這是他的姊姊小花在弟弟阿明殺人後，到處找律師幫忙之際，在找到了我之後，跟我完整敘述的。想起小花來找我當時的滿臉慌張與不知所措，說話也斷斷續續、前言對不上後語，我憑著多年來所受的法學訓練，如同拼拼圖一般，把小花所描述的一小塊一小塊事件，慢慢的拼湊出一個完整的事實。小花真的是為了這手足費了很大的功夫，真不知這麼多年以來，為了解決弟弟阿明一次又一次闖禍所造成的問題，小花是如何過日子的。現在的我，只想找出法律上有利的方法，希望能夠幫助弟弟阿明。

知道了阿明為什麼會殺害表哥的原因後，也實在很為他感到遺憾與不捨。阿明只是個弱智的孩子，一心一意只想為了保護姐姐，所以才會去殺害表哥！或許在他的理解裡，根本就不知道刀子刺入人體的要害後，會造成死亡這樣的結果；甚或是，阿明有可能連「身體的要害」是什麼意思都不懂吧？！而且阿明有著多次進出療養院的紀錄，這也代表著阿明在先天上的「精神狀態」或許就有問題。

然而要如何幫助阿明與小花兩姊弟呢？法律，是為人而設的，代表著公平與正義、因與果。雖說孰人無過，然而法院是要用法律依據及足夠的理由與立論基礎，才能說服法院對當事人加以減刑。因此，對於阿明及小花兩姊弟來說，殺人的事實是不可否認的！在法律的適用，尤其是情狀有可憫恕的情形下，要如何找出有利的法律規定，為阿明爭取無罪或減刑，就成為最重要的事了！我認為刑法19條的規定，是涉及到精神障礙或其他心智缺陷的規定，的確有可能因為阿明是屬於弱智而減輕刑度的。於是，我向法院申請對阿明做精神鑑定，希望透過鑑定的結果，佐證阿明有著心智上的缺陷，在發生殺人事件的當下，阿明確實是因為智識程度不佳，無法如同正常人一般地判斷事情，而請求法院依刑法第19條的規定減少對阿明的處罰。

在陪同阿明鑑定的過程中，我看到了姊弟情深溢於言表。姊姊小花每次都會一起來開庭，陪弟弟阿明進行鑑定的種種程序、安撫阿明情緒等等，可以看得出來，二姊弟在自小相依為命的歲月裡，彼此是心靈上的靠岸，相互間永遠記著要保護著對方，就算忍受著命運的拖磨，也希望對方能平平安安；甚至是弟弟阿明為了保護姊姊小花，不惜拿刀殺害表哥……對我而言，我看到的不是一個想要脫罪的殺人犯，或許刑期對於阿明來說根本沒有任何意義，他可能也不懂；又或許我想要幫助的其實是姊姊小花吧！這一次，讓我從一個悲情的家庭環境裡，看到了散發著極度光輝的親情，這樣大的反差，讓我對這個案件留下了非常深刻的印象。

事情總是要有個結局的，我跟姊姊都非常緊張鑑定報告的結果。

鑑定報告出爐了：醫院的鑑定意見認同這個殺人事件，因為弟弟阿明長期的精神病史，還有小時候對於姐姐被性侵的創傷，以及對於當時社會情境及現實感到不滿，也沒有想到拿水果刀刺入被害人肚子會造成死亡結果等等因素，因此法院以「傷害致死罪」判阿明要入監服刑八年，服完刑後，還要再到醫院進行監護五年；阿明不是被法院以「殺人罪」判處死刑或無期徒刑。

當法官宣讀判決主文時，我看著法庭上淚流滿面的小花，還有在旁彷彿事不關己的阿明，我心中想著：「到底在這個社會上，還有多少個阿明與小花的故事？他們的境況遭遇絕不是第一個，也不會是最後一個；誰能夠幫助阿明與小花？而又有多少人願意伸出手來？」寒冷的的冬天早晚會過去，可是春天又何時才會來？

法律小學堂

社會上對於心智有所不足或有所障礙之人（身心障礙的一種），人們從早期的放棄或設下種種隔離措施的心態，慢慢地轉換到目前平等待遇、協助或保護的想法，建立相關法律規定與制度，並日漸趨於完善，以維護人權保障。

刑法是國家對犯罪者施以刑罰，給與犯罪者一定的處罰，以導正犯罪及使其以後不會再犯，也有警惕社會大眾之作用。然而對於心智缺陷或精神障礙之人，如果他們在犯罪時根本無法知道自己在做甚麼？那麼刑法就沒有必要加以處罰，是可能判處無罪的；如果是處於精神有障礙的狀態，但還沒到完全無法知道自己在做甚麼的程度，則有可能是減刑的。

第十九條（責任能力～精神狀態）——

行為時因精神障礙或其他心智缺陷，致不能辨識其行為違法或欠缺依其辨識而行為之能力者，不罰。

行為時因前項之原因，致其辨識行為違法或依其辨識而行為之能力，顯著減低者，得減輕其刑。

前二項規定，於因故意或過失自行招致者，不適用之。

爸爸媽媽都不要的女兒
選爸爸還是媽媽

夫妻離婚爭扶養權，兩邊家族都爭要孫子，而不要孫女，法官詢問不知情的小女孩希望跟爸爸還是媽媽生活，當場小女孩眼淚掉下來，說著：「我不要爸爸媽媽分開，我不要爸爸媽媽分開……。」身為律師的我，看到這樣的畫面，心如刀割！

一位年約三十多歲的名媛，帶著一個可愛的五歲小女孩跟嬰兒車中的兩歲小男孩來到我們事務所……

「劉律師，我要跟我先生離婚，因為他沒有責任感，每天都在外面喝得醉醺醺的才回家，常常三更半夜的還要幫他處理嘔吐物，我受夠了，請幫我結束這段不堪的婚姻！」

原來夫妻都是桃園當地的有錢人家，老公家中開工廠，太太家中是田僑仔，雙方可說是門當戶對。但結婚後，老公因為跑業務，常常應酬、徹夜飲酒不歸；太太也從妖嬌的美少女變成養育兩個小孩的大媽，於是夫妻兩人漸行漸遠。看到之前兩人婚前出國恩愛的照片，再與現今對比，實在很難想像，婚姻竟是戀愛的墳墓。

每一次來到律所開會，媽媽總是帶著大女兒一起來，五歲的孩子總是坐在一旁安安靜靜地畫畫，不吵不鬧，媽媽也常說，女兒在娘家跟夫家都備受稱讚，是個乖巧懂事的孩子。

我們在協助準備相關的離婚起訴狀裡，把先生婚後怎麼對家庭沒責任，對太太的虐待，甚至對孩子教養的不聞不問，都狠批一番，希望法官看了，可以同情太太的遭遇，判決老公在婚姻上的不盡心，而得以離婚。

但在離婚訴訟上，還有兩件重要的事，必須要考量：第一個是離婚後財產的處理；第二個就是小孩將來的監護權屬於誰？

在打離婚官司時，財產的處理通常也是棘手的問題，但這一對有錢的夫妻，老公結婚前名下就有房產，太太名下也是，目前居住在老公名下的房子，因此，太太想法很簡單，錢我不要，離婚就各自拿回自己的財產就可以了。這也讓我們感受到有錢人家的霸氣，說到錢，什麼都不是問題。剩下的問題，就是小孩的監護權了。

媽媽理直氣壯，認為小孩當然要跟媽媽，爸爸根本不會照顧孩子。但是到了法庭，男方講出了一堆讓我方律師下巴都掉下來的內容：

「法官，我太太根本沒有在照顧小孩，我們請了二十四小時保母，小孩都是保母照顧的，媽媽每天都跟姊妹淘去逛街買名牌，還參加很多時尚趴、泡夜店，我不過偶爾比較晚回家，就被罵得要死，太太自己每個月信用卡費都是幾十萬，沒煮過飯，沒洗過衣服，更沒做過家事，不知道娶這太太是要做什麼的？要不是我每個月去拉業務作業績，賺錢回家，太太哪來這麼逍遙的生活。」

沒想到太太完全沒跟我說過這些，在法庭上被對造突襲，當下還真無法辨認真假？

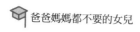

法官看著我們雙方你來我往，於是給了建議……

「這樣吧，你們雙方都有請律師，回去大家討論一下，要不要離婚？離婚的條件？下次開庭前，先排一個調解，看看可否協議離婚？如果有一方不想離婚，那我們就進行法院後面的程序，會先請社工去家裡訪視，畢竟你們有兩個小孩，將來小孩監護權，法院也要裁判，讓社工去看看哪一方會比較適合照顧小孩，訪視社工會花比較多的時間寫報告，就讓社工先進行。」

待開庭期日到了，我方帶著太太到法庭，沒想到男方連家長都帶來了，連同律師浩浩蕩蕩地一起進調解庭。在現場，男方父母看到女方就開始咆哮了。

「怎麼當一個人家太太的啊？連小孩都不給我們看，妳這樣有尊重公婆嗎？……」

我趕快請太太這邊鎮定，不要被激怒回應，以免被調解委員看到，反而感受不好，覺得我們是強勢的一方，因為在法庭上柔弱的一方通常會比較有利，太太只好一直忍耐住情緒，不敢發聲。

「你們各自的離婚條件如何？各自說給我聽聽……」調解委員好奇的問。

「我們願意離婚，互相不會請求財產跟賠償，但小孩監護權都要歸我們。」男方律師說。

「我們也是，願意離婚，不請求財產，但我方也堅持要兩個小孩的監護權。」我方也這麼說。

「既然如此，只有監護權雙方有爭議，那不然這樣好了，離婚後兩個小孩共同監護？或是一人一個，你們覺得如何？」

調解委員拿出一人一半這種分配方式，對男女方都公平，聽起來也沒錯。

突然，男方站起來說：「大女兒給女方沒關係，但小兒子我們要。」

聽到男方的說法，我先是一驚，男方竟對小孩也像是分配財產似的沒有感情！如若是對兩個小孩都不是很有感情，那也就罷了，但要兒子不要女兒，似乎還是傳統重男輕女的宿命。

只看到坐在法庭後面的公婆點頭如搗蒜，看來不是爸爸要兒子，是公婆要孫子。但這對這個小孫子真的是好事嗎？將來誰來照顧他？保母還是隔代教養，還是後媽……他們完全沒有為小孩有一絲的著想。

當我正準備起身跟調解委員說，兩個小孩的監護權我們都要，但若真只能要一個，我們會要大女兒。畢竟太太跟大女兒的感情很好，大女兒也很愛太太時……這位太太冷不防地出聲了……

「我也要小兒子，大女兒給男方沒關係。」

什麼？我如當頭棒喝！我沒聽錯吧！？太太你也要兒子不要女兒，怎麼會這樣！明明感覺上太太很愛女兒，如今怎麼割捨得下，甚至能毫無感情的就脫口說出這樣的話，這到底怎麼回事？

「為什麼你要小兒子，不要大女兒？」我壓低聲音問。

「我們家族需要男孫來傳宗接代，所以我要兒子，而且要改成我們女方的姓……」

「那女兒呢？難道不會捨不得嗎？」

「當然會，但手心手背都是肉，如果真的要選，還是選兒子好了。」

這時，我從背脊發涼至心裡，因為即使口中說著女兒再乖、再孝順可愛，在傳統的家族裡，竟完全沒有價值，真是好殘忍的決定啊！

「既然你們都要兒子，不要女兒，女兒也五歲了，社工的訪視報告下次開庭前應該已經做好了，下次也請女兒來法庭，我請法官來問問女兒的意願。」調解委員無奈的說。

雙方律師都在下次開庭前，向法院申請閱覽了社工的訪視報告，似乎女兒在社工面前表達的意願，是很喜歡跟媽媽一起生活的。看了訪視報告，我內心很糾結，特別是裡面寫了一句話「我愛媽媽，我是媽媽的寶貝」，更讓我不捨，對比媽媽的選擇，女兒真的是媽媽的寶貝嗎？

我們把訪視報告給媽媽看，媽媽也難過地哭了。跟在媽媽身邊的女兒不知道媽媽為什麼哭，還安慰媽媽說：「媽媽不要哭，我保護妳，幫妳打壞人。」大女兒的童言童語，令人心疼不已。

面對此番情境，我真是心如刀割！女兒長大後，如若知道媽媽當年離婚為了家族能夠傳宗接代，選擇捨棄的人是她，真不知道會有多絕望與心痛！

來到第二次的法庭上，法官請訴訟中的夫妻都離開法庭，只獨留下大女兒以及兩邊的律師。

法官問：「小妹妹，爸爸媽媽正在處理一個重要的事情，需要法官叔叔的幫忙，請妳不要緊張，法官叔叔會問妳幾個問題，請妳好好想一想再回答叔叔的問題。」

女兒天真的回答：「媽媽有說，要誠實回答法官叔叔的問題。」

「媽媽有告訴你法官叔叔可能會問什麼問題嗎？」

「沒有，我不知道。」

「那法官叔叔問妳，如果有一天爸爸跟媽媽要分開了，妳只能選一個，妳要跟爸爸還是媽媽？」

女兒瞬間就眼眶泛紅、掉下眼淚哭著說：「我不要爸爸媽媽分開、我不要爸爸媽媽分開……」

法官這一刀直接插進女兒心臟的問題，大女兒根本無法承受或想像爸爸媽媽要分開這樣的事……

「我想要爸爸跟媽媽。」女兒又哭著說。

「法官叔叔也不希望你的爸爸媽媽分開，但如果真的有一天，例如，爸爸或媽媽其中一個要先去找上帝，你會希望跟爸爸還是媽媽在一起？」法官緊接著問。

「我要媽媽，我想要跟媽媽在一起。」女兒總算回答了問題。

我在一旁聽得鼻酸，好沉痛的答案，而且這個答案竟然是難以實現的，因為媽媽想要的是兒子！

最後，法院的判決出爐，女兒如願的由媽媽單獨監護，兒子則是由父母共同監護，對應了父母對於兒子監護權的期待，我也著實為大女兒鬆了一口氣，感謝法官，沒讓她成為大人離婚戰爭中第一個犧牲品。

法律小學堂

小孩的監護權怎麼認定，不是看爸爸或媽媽誰能力比較好，或是希望哪個小孩給誰照顧，而是以「子女的最佳利益」作為判斷的依據，誰比較適合小孩，就判給那一方。

民法第 1055-1 條——

法院為前條裁判時，應依子女之最佳利益，審酌一切情狀，尤應注意下列事項：

一、子女之年齡、性別、人數及健康情形。

二、子女之意願及人格發展之需要。

三、父母之年齡、職業、品行、健康情形、經濟能力及生活狀況。

四、父母保護教養子女之意願及態度。

五、父母子女間或未成年子女與其他共同生活之人間之感情狀況。

六、父母之一方是否有妨礙他方對未成年子女權利義務行使負擔之行為。

七、各族群之傳統習俗、文化及價值觀。

前項子女最佳利益之審酌，法院除得參考社工人員之訪視報告或家事調查官之調查報告外，並得依囑託警察機關、稅捐機關、金融機構、學校及其他有關機關、團體或具有相關專業知識之適當人士就特定事項調查之結果認定之。

戶口名簿
別讓一步錯的婚姻，造成一輩子的遺憾

一個一如既往忙碌、預約諮詢排得滿滿的午後，結束了幾個Case後，一位年約大概六十多歲的趙媽媽進到我辦公室。第一眼見到趙媽媽時，我心想大概跟許多長輩一樣，可能是想要我們協助做財產規劃，或是來請律師見證立遺囑的……但結果卻出乎意料，我萬萬沒想到，這位趙媽媽竟然是要請我幫忙打「離婚官司」，對方是跟她結婚四十幾年的先生！我不禁詫異，趙媽媽都已經當奶奶了，夫妻間本該磨合的個性、習慣應該也適應的差不多了，怎麼會在這個時候跟先生提離婚呢？

趙媽媽坐下來後，向我娓娓道來事情原委。

原來她與先生是先有後婚的。那時她才十幾歲，年輕不懂事，跟男朋友在一起就懷孕，兩人不僅年紀相仿，先生當時都還沒有當兵呢！在那個年代，懷孕了理所當然就是嫁人，婚後還連生了三個孩子，趙媽媽在其他女孩兒正值花樣年華的青春歲月時，她卻已經在家相夫教子了。

一開始，兩個人的相處也如一般夫妻一樣，雖也會為經濟煩惱、為生活小事偶有爭吵，但倒也沒有什麼大問題。沒想到，在老公被徵召服兵役之後，這一切變得不一樣了！趙媽媽也不清楚到底發生什麼事？是不是先生當兵時結交了壞朋友，她只記得先生服完兵後，不僅沒有回來家裡住，反而說要去南部工作賺錢。當時趙媽媽心想：「男人以事業為重也是對的，而且先生也是為了這個家。」於是就接受了先生的決定，自己一個人扛起照顧三名幼子的重擔，獨自在台北生活。

起初，先生還會偶爾在假日回來看看孩子們，同時給趙媽媽生活費。但隨著一年一年過去，先生開始以工作沒賺錢、手頭緊等理由，不但沒給生活費，後來更經常以忙碌為藉口，連家也不回了，甚至連電話都很少打回家；偶爾趙媽媽主動打電話過去，先生不僅敷衍了事，還常嫌她煩，漸漸地，先生對孤身在台北的太太與小孩幾乎不聞不問。

沒有先生的金援之後，為了家裡三個嗷嗷待哺的孩子，趙媽媽想辦法抽出時間從事縫紉、修補衣褲賺點生活費。但微薄的收入，實在很難養活三個孩子。尤其，遇到開學要繳學費、買制服時，總得硬著頭皮回娘家借錢周轉，或是自己再想辦法跟會賺一點利息，她每天就像陀螺一樣轉個不停，再也無暇去顧及先生到底在外面做什麼？為什麼不回家？

日子就這樣一天天過去，趙媽媽茹苦含辛的終於把孩子們都拉拔長大，先生就彷若家裡的隱藏版人物般，一直都未曾再回家。

有一天，因為小孩要換學區就讀準備要遷戶口時，趙媽媽赫然發現了一個驚人的祕密：戶籍謄本上竟多了兩個她從來沒看過也不知道的小孩的名字，但小孩父親的名字她再熟悉不過了，那是她先生啊！

看到這份荒唐的戶籍謄本，到底發生了什麼事情也就不用再多說了，一切都真相大白了。趙媽媽當下根本是晴天霹靂，她每天省吃儉用、辛苦的養大三個小孩，到頭換來的卻是老公偷偷地跟別人在外面生養孩子，而且還不知羞恥、毫不掩飾地將那兩個小孩的戶籍放在這個他根本不回的家裡。趙媽媽又氣又難過，到底是她太傻太天真，還是老公太惡劣？趙媽媽怒氣沖沖的跑去找先生理論。

「妳現在知道也好，這兩個小孩也都國小了，我也已經養他們十年了。」面對情緒崩潰的趙媽媽，先生開口的第一句話竟然不是道歉也不是悔過，只是淡淡地說了這麼一句話。

趙媽媽極度震驚與不解，為什麼這個男人可以如此鎮定地向她陳述這件事？難道他不知道禮義廉恥嗎？

「其實這麼多年在外面工作，也不是做甚麼正當的工作，是到地下賭場從事莊家，靠抽頭生活。」先生接著說。

「那這兩個小孩的媽媽是哪來的？」趙媽媽強忍憤怒的情緒問先生。

先生告訴她這兩個小孩的媽媽，是在酒店認識的小姐，因為先生做賭博，小姐跟他同居一起生活，就這樣在外面一起生活十年了。趙媽媽這才知道，其實她的丈夫已經在外面另組家庭長達十年的時間，只是她完全被矇在鼓裡。

這些真相真是太傷人了！

當趙媽媽向我們敘述這段故事時，一字一句都可以感受到她的傷痛。趙媽媽一邊說一邊抽泣著：「那時候我真的不知道自己算什麼？那三個孩子在先生心裡又是什麼？」

她為了這個家、三個孩子，忍耐了這麼多年，雖然嘴巴不說，但內心裡仍在苦苦等候那個該回家的男人，沒想到，換來的卻是：家早已不是家，等候的那個良人，也早已心歸他方……她苦苦守候的竟只是一個假象的家，再想到那三個懵懂無知的孩子，她的人生無疑是一場悲劇。

尤其在聽到先生竟然可以如此毫不在乎太太感受就把兩個小孩戶籍私自遷到太太住所下，甚至被質問時，還能臉不紅氣不喘的態若自然，趙媽媽真的心寒了！先生既然已經另有家庭，那就離婚吧！反正兩人實際上也早已分開多年了！

只是萬萬沒想到，這位先生竟然反過來，表示他不願意；甚至要求趙媽媽若執意要離婚，就要給他兩千萬，他才肯放手。

趙媽媽感到不可思議，明明自己才是受害者，先生竟敢如此不講理。

「我們結婚登記這麼久，我現在名下甚麼財產都沒有，但妳婚後買了房子，這棟房子少說也值個三四千萬，妳要分一半給我，不然我就去跟法院提告！」先生竟還撂下狠話，威脅趙媽媽。

趙媽媽聽了之後更害怕，萬一真的被法院強制要分一半給先生，那她跟孩子以後會不會連棲身之所都沒有？萬分驚恐之下，加上對於法律認知有限，她怎麼在當下也不敢貿然提起訴訟。

但是，趙媽媽對於先生的厭惡程度已到了極點，連印在身分證反面配偶欄位上先生的名字，都讓她非常反感。「到底要不要提告離婚？」這個問題每天反覆縈繞在趙媽媽心裡。但一想到若是提告了，就可能會被先生要走她辛苦半輩子的財產，著實心有不甘。

聽趙媽媽說完整件事情的來龍去脈，我打從心裡為趙媽媽抱不平！

我告訴趙媽媽：「先生講的其實只是法條中的一部分，法律沒有這麼生硬，如果這個先生對家庭都沒有付出貢獻，甚至還外遇另組家庭，法官依照法律，是有可能一毛剩餘財產都不會給他的。所以您不用太擔心，您還是早日脫離這個失敗的婚姻吧！現代人壽命很長，您真的自由之後，還可以有很多時間去過自己想要的日子。」

我們最後幫趙媽媽取得離婚訴訟的勝訴；剩餘財產一塊錢都不用分配給先生。在訴訟過程中，趙媽媽的小孩、朋友也都來作證這個父親從未履行過父親跟先生該有的責任，對於這個家庭只有傷害，不該分配趙媽媽努力的成果；在整個過程中，趙媽媽也看到三個孩子們的成熟懂事，感到相當欣慰。事情總算有個圓滿的結局，趙媽媽不僅放下心中大石，也換發一張新的身分證，重新開始過自己想要的生活。

現代人壽命越來越長，活到百歲已經不再那麼遙不可及，或許有些人覺得：「都已經六十歲了，為何還要離婚？」但是，回頭想想，漫長人生路可能還有四十年的日子可以過啊，何必因為「已經六十歲」而覺得自己人生沒有希望了呢？生命的選擇權始終還是掌握在自己手裡的。對趙媽媽而言，她的人生下半場才正要開始呢！

法律小學堂

「剩餘財產分配請求權」這個制度，原本的目的是為了要保護婚姻中經濟弱勢之一方，因為經濟弱勢的一方可能是因為將比較多的心力都花費在家庭上，為了讓這一方對婚姻的付出、貢獻可以被彰顯出來，並且，在夫妻之間財產制關係消滅時，使弱勢一方具有最低限度之保障，因此有剩餘財產分配的制度。但是，因具體個案平均分配，有時候會出現明顯不公平的情形，因此也規定「夫妻之一方對於婚姻生活無貢獻或協力，或有其他情事，致平均分配有失公平者」的情形下，法官有權力針對剩餘財產分配做調整。

而對於「夫妻之一方有無貢獻或協力」或「其他情事」，具體客觀事由像是：夫妻婚姻存續期間之家事勞動、子女照顧養育、對家庭付出之整體協力狀況（含對家庭生活之情感維繫）、共同生活及分居時間之久暫、婚後財產取得時間、雙方之經濟能力等因素，例如：夫妻難以共通生活而分居，則分居期間已無共同生活的事實，夫妻之一方若對於婚姻生活無貢獻或協力，法官就應該調整或免除無貢獻一方的分配額。

民法第 1030 條之 1

法定財產制關係消滅時，夫或妻現存之婚後財產，扣除婚姻關係存續所負債務後，如有剩餘，其雙方剩餘財產之差額，應平均分配。但下列財產不在此限：

一、因繼承或其他無償取得之財產。

二、慰撫金。

夫妻之一方對於婚姻生活無貢獻或協力，或有其他情事，致平均分配有失公平者，法院得調整或免除其分配額。

法院為前項裁判時，應綜合衡酌夫妻婚姻存續期間之家事勞動、子女照顧養育、對家庭付出之整體協力狀況、共同生活及分居時間之久暫、婚後財產取得時間、雙方之經濟能力等因素。

第一項請求權，不得讓與或繼承。但已依契約承諾，或已起訴者，不在此限。

第一項剩餘財產差額之分配請求權，自請求權人知有剩餘財產之差額時起，二年間不行使而消滅。自法定財產制關係消滅時起，逾五年者，亦同。

假愛之名，行親情勒索

「弟弟最近經濟狀況不好，又被地下錢莊追殺，他生活很拮据，有來跟我借錢。但妳知道媽媽老了，手邊已經沒有什麼錢，妳一定要幫忙救救弟弟，不然媽媽也不想活了……」媽媽緊握著姊姊的手，幾乎要跟姊姊下跪了。

看著淚流滿面的母親，姊姊再一次說：「媽，妳不用擔心，我一定會幫弟弟的。」

姊姊回想著過往，他們全家曾經有一個雖不是大富大貴、但卻簡單幸福的家庭，爸爸從事水電工作，媽媽在家帶小孩，家中就她跟小三歲的弟弟二人。因為弟弟是家中最小的孩子，全家人都很疼愛他，只是弟弟個性從小就比較好動、頑皮，常常闖禍。小學有一次，弟弟偷了同學的鉛筆盒，被同學發現，當時，姊姊在同一間學校上課，第一時間跑去跟弟弟的同學道歉，甚至把自己的零用錢拿去賠弟弟同學，就希望這件事不會被爸爸媽媽知道，否則回家就會被父母責怪怎麼沒有照顧好弟弟。弟弟仗著自己有個好姊姊會幫他收拾殘局，也就越來越肆無忌憚。

由於家裡經濟狀況並不是很好，姊姊在要準備升高中時，選擇去念高職夜間部、半工半讀幫爸媽貼補家計，同時一邊賺錢付自己的學費，這樣家裡就有多餘的錢可以讓弟弟接受更好的教育，也不用擔心吃穿。就在爸媽忍著高學費送弟弟去唸私立高中之後，萬萬沒想到，弟弟在學校裡不是認真唸書，而是跟同學比較穿著行頭，從衣服鞋子到手錶錢包，手機更是一有新款旗艦機，就要求爸媽一定要在首批預購中訂到。爸媽也知道家裡經濟狀況並不容許弟弟這樣無限揮霍，曾試著跟弟弟溝通，但是每次當爸媽有一絲絲猶疑時，弟弟就會用各種理由說「手機不見了」、「手機摔壞了」……硬要爸媽買新手機給他；若是爸媽不給，弟弟就會在家裡摔東西，或是用拒絕回家吃晚餐的方式跟爸媽賭氣。媽媽很怕弟弟晚上不回家吃飯因而在外面交到壞朋友，最後一定會順著弟弟的要求；但當爸媽沒錢時，轉頭就跟姊姊要，姊姊間接也變成了弟弟物質生活的供應者。

還未滿十八歲的弟弟，有一天突然獅子大開口，要求爸媽買機車給他。爸媽驚嚇之餘沒答應，兒子表示：沒有機車他會在同學面前抬不起頭。若是真的不給買，就要搶別的同學的機車來騎。在無可奈何之下，爸媽只好跟姊姊商量，買了一台機車登記在姊姊名下。弟弟整天騎機車到處跑很拉風，但無照駕駛的一張張罰單，還是姊姊要去付，弟弟則不痛不癢的不斷捅簍子，完全就是集萬千寵愛於一身的媽寶。

儘管爸媽如此溺愛著弟弟，姊姊仍每天認真地過生活。姊姊在工廠擔任總務時，認識了一個憨直的工程師，兩個人情投意合，個性又很像，都很願意為家庭付出。於是一起省吃儉用，以買房為目標，在交往不久後就結婚了。

婚後的丈夫，沉浸在幸福的喜悅中，他一直不知道溫柔賢慧的太太娘家，有個不定時炸彈。姊姊也因怕心愛的人會跟著煩惱、甚至因此離她遠去，也從不敢跟丈夫詳細說明家裡的狀況，丈夫只大概知道太太家裡經濟不好，賺的錢有部分是要拿回家給岳父岳母養老用的。身為一個有責任感的丈夫，他想，反正我工程師的收入穩定，家裡有我賺錢，太太要照顧娘家也沒問題的。

然而，這個弟弟並沒有因為年紀的增長而停止闖禍行為，反而越演越烈。二十幾歲出社會後，就說要自己當老闆，要跟朋友一起投資開飲料店，一開口就是要兩百萬！爸媽哪來這麼大筆的錢，弟弟便又開始吵著說，其他朋友家裡都有出資，爸媽這樣讓他很沒面子。爸媽無奈之下，便來找姊姊幫忙。起初因為金額太大，姊姊並不願意，而且姊姊也顧慮到自己現在已經結婚了，要照顧自己的家庭，但媽媽苦口婆心跟姊姊說，弟弟定下來，有自己的事業，也是大家期望的，全家人一定要幫弟弟一把，他好好經營飲料店也會成為有用的人、會回饋家裡……姊姊在媽媽的親情攻勢下，不得不把自己存了多年的五十萬存款拿出來借給弟弟，但也不敢讓自己的丈夫知道。

誰知道弟弟根本沒有認真的經營飲料店，以為只要雇用店員顧店，店員就會自動捧著錢來給老闆。他每天裝闊，認為自己已經是老闆，不顧店也沒認真記帳，工讀生發現老闆根本不關心店內營運，更不會來檢查，於是把現金收入都拿走，或是請朋友喝免費飲料的情況不斷發生，導致飲料店月月虧損。一段時間下來，不僅把投資的錢都虧空了，甚至還負債一百多萬。

在走投無路下，弟弟又來找爸媽借錢填補財務黑洞。爸媽早已經將積蓄全都給弟弟了，根本沒有錢可以再拿出來。弟弟知道姊姊家裡還有錢，就要媽媽再去跟姊姊借錢。媽媽覺得對不起姊姊，不願意答應，弟弟就放狠話說：「當初你們也有投資，如果飲料店倒了，前面投資的錢也沒了，大家就都不用活。」姊姊知道飲料店虧損，如果不再借錢給弟弟，當初借出去的五十萬元就沒有了；但自己又真的沒有錢可以借弟弟。

走投無路之下，姊姊只好瞞著自己的丈夫，偷偷拿自己跟丈夫名下房子的權狀還有印鑑證明，去跟地下錢莊借錢抵押，借了一百萬給弟弟去周轉，期待弟弟可以趕快讓飲料店賺錢，把錢坑補起來。

任誰也沒想到，弟弟依舊不知長進，反而食髓知味，只要缺錢就想辦法回家要，完全沒有要檢討自己的經營問題。飲料店生意每況愈下、完全沒有起色，弟弟還從姊姊借給他的錢中拿一部分去買了一台名車，這一百萬沒幾個月就又被弟弟揮霍一空。他又再來跟爸媽伸手，並且說自己被地下錢莊追債，對方要砍他的手指。被親情勒索的媽媽又再度找上了姊姊，拜託姊姊救救弟弟。但姊姊自己都被地下錢莊的高額利息壓得喘不過氣來，又遇到不成材的弟弟還來借錢，說什麼都不該再借下去了。但看著年邁的媽媽不斷哭求，姊姊這下又心軟了……但早已身無分文的她，該怎麼辦？

左思右想都沒有辦法的姊姊，在金錢的迫切需求下，最後決定下海賣淫。她很愛她的丈夫，也一直過不了自己內心的道德關卡，但比起這個，他更怕丈夫某一天發現房子已經被抵押，甚至因為還不出錢要被拍賣的事實。此時的姊姊只希望透過一次又一次的性交易，快速把這無底洞的債務還清，也把丈夫名下房子的抵押塗銷，讓這一切看來未曾發生，才能保全她好不容易建立的家庭。

然而，不知道該說是丈夫太過細心，還是該說幸運之神離姊姊太遙遠，丈夫逐漸感受到太太總是眉頭深鎖、心有罣礙，卻始終無法打開太太心中的結；同時，他也發現，太太會私下接電話，或突然消失，甚至打扮的年輕性感……他的第六感告訴他：「太太外遇了！」

有一次，丈夫找到機會偷看到太太的手機，發現太太竟然在跟陌生男子約旅館，還有多則談價錢的對話紀錄，丈夫才知道原來太太不是外遇，而是在接客賣淫！這晴天霹靂的打擊，讓丈夫完全無法想像，自己的枕邊人竟然是會出去賣淫的人。

崩潰的丈夫跟太太攤牌，他咆哮問：「為什麼妳要背著我去賣淫？妳這麼不要臉嗎？妳這麼想跟男人上床？還是這麼缺錢，物質慾望這麼高？」

被丈夫發現這些種種，都是太太最不想面對的。聽到丈夫的質問，她先是愣了幾秒鐘，之後崩潰大哭了，她哭得如堤岸決堤似的。太太把過去發生的事情一五一十的告訴丈夫，面對家人的親情勒索，自己早已傷痕累累；面對這樣的自己，她甚至數次想要一死了之……。

雖然知道太太有許多苦衷，但丈夫仍然不能接受太太為了自己的父母、弟弟犧牲到這樣的程度，還把自己辛辛苦苦打拚買來的房子也拖下水；更無法接受太太枉顧對家庭忠誠，背叛他在外賣淫。丈夫憤怒之下，要求離婚，並要太太賠償這一切的損失。姊姊完全理解丈夫的憤怒，但為了自己的爸媽跟弟弟，卻也無法自拔或一走了之，仍然必須接客賣淫，換取金錢來維持地下錢莊的借款，跟面對丈夫的訴訟。

當我們接到這個案件時，聽著姊姊的敘述，實在很難想像姊姊面對的處境及內心煎熬！我們知道也相信社會上有許多相當疼愛子女的父母，但真的沒有看過這麼殘忍的父母跟弟弟，讓一個姊姊犧牲到這樣的程度。同時，也讓我們反思：「若是爸媽從小不要過度溺愛縱容，讓弟弟學會『負責』，那麼還會造成如此難以收拾的家庭悲劇嗎？不僅毀了兩個家庭，也讓若干人的人生墜入萬丈深淵！又若是，一開始姊姊狠心地拒絕父母不合理的請託，是不是就不會讓弟弟越陷越深，造成如今無法挽回的局面了？」

家人，總是給你最多愛的人；傷你最深的，也往往是家人。

法律小學堂

民法

第 1052 條——

夫妻之一方，有下列情形之一者，他方得向法院請求離婚：

一、重婚。

二、與配偶以外之人合意性交。

三、夫妻之一方對他方為不堪同居之虐待。

四、夫妻之一方對他方之直系親屬為虐待，或夫妻一方之直系親屬對他方為虐待，致不堪為共同生活。

五、夫妻之一方以惡意遺棄他方在繼續狀態中。

六、夫妻之一方意圖殺害他方。

七、有不治之惡疾。

八、有重大不治之精神病。

九、生死不明已逾三年。

十、因故意犯罪，經判處有期徒刑逾六個月確定。

有前項以外之重大事由，難以維持婚姻者，夫妻之一方得請求離婚。但其事由應由夫妻之一方負責者，僅他方得請求離婚。

第 195 條

不法侵害他人之身體、健康、名譽、自由、信用、隱私、貞操，或不法侵害其他人格法益而情節重大者，被害人雖非財產上之損害，亦得請求賠償相當之金額。其名譽被侵害者，並得請求回復名譽之適當處分。

前項請求權，不得讓與或繼承。但以金額賠償之請求權已依契約承諾，或已起訴者，不在此限。

前二項規定，於不法侵害他人基於父、母、子、女或配偶關係之身分法益而情節重大者，準用之。

女兒，就不是骨肉了嗎？

「爸爸，你怎麼能這樣做？這些房子是我們辛辛苦苦的皮肉錢換的，你怎麼能過戶給弟弟？」

四個女兒表情猙獰著質問父親，眼看著房屋所有權人竟遭過戶給弟弟，她們幾乎要抓狂了，畢竟一間間的房屋背後是她們的青春，是他們用身體、用靈魂換取的畢生積蓄。

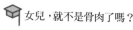

「爸爸沒有啊！爸爸甚麼都沒有做，我不知道怎麼會這樣？……」

爸爸不斷向女兒否認，試圖澄清一切。但是證據一項項攤在眼前，顯示爸爸簽署了過戶文件，甚至委託代書，將爸爸名下的所有房產都過戶給了唯一的兒子。四個女兒發現這個殘酷的真相，難過得柔腸寸斷、傷心欲絕，她們怎麼也沒想過爸爸會這樣對她們！

原來，爸爸年輕的時候是做礦工的，在酒家認識了當酒家女的媽媽，兩人結婚後，生下四女一男。由於夫妻二人收入都不好，就在基隆過著相當辛苦的生活；而妻子因為長年在酒家陪酒，肝不好，身體早早就出狀況，又沒有錢去醫療，很年輕的時候就過世了，留下父親跟五個孩子，所以四個姊姊很年輕時，就必須賺錢幫忙養家。由於女兒們從小常常跟著媽媽去酒家上班，在酒家幫忙倒茶、送毛巾賺取生活費，慢慢長大後，也開始透過陪酒、甚至賣淫賺取更高的收入以養活家人；尤其當礦工的爸爸身體也因為長時間在礦坑吸入粉塵，身體狀況越來越差，為了賺取生活以及醫療費用，在沒有其他的選擇下，姊姊們一個一個陸陸續續走上酒家賣淫之路，用賺來的錢養爸爸跟弟弟。

姊妹們彼此互相鼓勵，辛苦靠著身體所賺取的皮肉錢，一點一滴的累積了幾年後，終於一起存錢買起了第一間房子，讓全家人有一個可以遮風避雨的家，也讓年邁的老父親不用再拖著病體繼續當礦工。父親辭職後，自己開起了應召站；應召站的小姐，就是自己的四名女兒。由於姊妹們希望可以讓每個家人都有自己的房子，所以相當賣命工作，也都很乖的把收入交給了爸爸，一家人就這樣省吃儉用拚命存錢，開始買了第二間房子、第三間房子，如願地買了四間房子。

家中唯一的兒子也很乖，在姊姊們的照顧下順利大學畢業，進入社會工作了。傳統觀念下的爸爸非常器重這個兒子，希望這個兒子可以傳遞香火，也將家裡黑歷史漂白的期望放在兒子身上，因此對兒子非常好。爸爸常常對女兒們說，還好有這個兒子，可以讓他們光宗耀祖，也對得起死去的太太；四個姊姊對於弟弟長大成材也感到很開心。

女兒們都沒有結婚，多年來努力工作也非常孝順爸爸，房子都是掛在爸爸名下。直到有一天，女兒們一如往常地協助爸爸整理家裡，隨手打開爸爸的房屋稅單，想要提醒爸爸別忘了繳稅。沒想到一打開房屋稅單，看到上面竟然寫著弟弟的名字，這讓女兒們吃了一驚：「到底怎麼回事？」為什麼稅單的名字不是爸爸而是弟弟？難道是稅單寄發過程中有什麼錯漏？但一份、兩份、三份都是這樣！無比震驚的女兒們馬上向爸爸詢問發生什麼事情？爸爸看到女兒們攤開一張張房屋稅單後支吾其詞，不斷推說不知道怎麼回事？不清楚為什麼稅務局寄來的房屋稅是兒子的名字？

女兒們趕緊去向地政事務所查詢，才發現：原來早在半年前，四間房子都已經完成過戶，給了弟弟。這晴天霹靂的消息，讓女兒們都非常錯愕，畢竟這四間房子是她們四姊妹用自己的身體跟青春一點一滴努力賺取換來的，姊妹們都沒有結婚，就是打算靠房子的租金一起照顧爸爸及自己終老，沒想到竟然在不知情的狀況下都登記給了弟弟！她們從震驚化為憤怒，開始懷疑弟弟偽造文書，偷偷把爸爸的房子全部過戶到自己名下，枉費多年來姊姊們對弟弟的疼愛。

姊姊們帶著無法諒解的情緒跑去質問弟弟。

「這是半年前爸爸主動說要過戶給我的，因為爸爸年紀大了，怕將來老了這些房子被姐姐們賣掉，想說過戶給兒子可以傳承下去，我就依照爸爸的意思過戶而已。」

姐姐們萬萬沒想到會得到這樣的答覆。她們對於弟弟的說法半信半疑，因為爸爸明明不是這樣說的，爸爸自己都不知道房子被過戶！弟弟肯定是為了謀奪財產不擇手段，編了一套故事來欺騙她們。於是姊姊們帶著疑問再次去跟爸爸確認，爸爸仍然不鬆口，回應說他沒有過戶給弟弟；他不知道為什麼弟弟會取得房產？十分孝順的姊姊們看著爸爸不斷強調不知情，一致認定這一切都是弟弟貪心，偽造文書來騙爸爸過戶的，於是決定委託我們提告弟弟。

承辦案件的過程中，很快可以知道關鍵證人就是爸爸。我們再次跟爸爸確認沒有過戶給弟弟嗎？因為這太奇怪了，過戶文件上面的印鑑證明跟印章都確實是爸爸的，除非弟弟騙爸爸需要這些文件辦別的事情，不然依照常理，爸爸應該是不會把這些文件申請出來交給弟弟的才對。但爸爸堅持他根本不知道申請這些文件或印章要做什麼，且印章都放在家裡；甚至提出是被弟弟自己拿去蓋章的可能性。

在與父親溝通了解後，我們也就受託提告弟弟。弟弟不出所料的，主張房屋是爸爸主動要過戶給他的。法院除了傳喚爸爸之外，也聲請當初承辦過戶的代書到庭作證。代書在法庭上證稱：是弟弟告訴他爸爸要過戶這些不動產給弟弟的，所以他就請爸爸去申請這些印鑑證明跟拿印章出來，爸爸也確實配合去申請印鑑證明，甚至是弟弟開車載著爸爸跟代書一起去辦的；過戶也一樣，這些印章都是爸爸蓋的，爸爸應該知道自己正在過戶不動產給弟弟，因為代書都有告訴爸爸需要繳納土地增值稅等稅捐，而且還是爸爸主動拿錢出來繳納這些稅捐費用的……所以爸爸不可能不知道自己在做過戶這些事宜。

在法庭旁聽席聽見代書作證的姊姊們，當下無比傷心！因為代書所說可信度很高，爸爸應該真的有意思要過戶所有房子給弟弟，只是被姐姐們發現不承認而已，這令她們情何以堪？她們將自己的青春、身體一輩子都奉獻給了這個家，為了讓大家以後有房子可以養老，所以辛苦努力賺錢，沒想到出於孝心將房屋登記在爸爸名下，最終竟然遭爸爸背叛，暗地裡全部過戶給了弟弟。究竟在爸爸心目中，她們四個女兒的存在是什麼呢？姐姐們感到非常的痛苦與絕望。

代書作證完之後，換成爸爸坐上證人席作證。

法官詢問爸爸：「是否知道要過戶房子給兒子？」

爸爸仍極力否認：「不知道。」

法官再問：「是否協助兒子去辦理過戶文件？」

爸爸仍是一問三不知：「我不知道，反正我很信任兒子，所以兒子要我做什麼我就做什麼，我並不知道拿這些文件是要過戶房子。」

「那你會希望把房子過戶回來嗎？」法官問。

這時爸爸突然愣住、噤聲不語了。

「為什麼不想過戶回來？」法官追問。

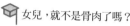

爸爸猶豫了幾秒之後，望著法官說：「將來我過世後，這些房子還是會留給我兒子，我也不知道現在要不要拿回來，還是就留給兒子？」

聽見自己父親口中說出這個答案，已經完全摧毀姊姊們對於爸爸的敬重以及家人間的關愛，原來不管她們多麼多麼地努力，在爸爸心中，只有弟弟，所有的成果最後都會變成弟弟的。那爸爸有沒有想過她們的未來該怎麼辦？難道她們只是讓弟弟豐衣足食下的犧牲品？

女兒們非常氣憤地在法庭上直接告訴爸爸：「爸爸，你實在太殘忍了！我們不敢奢求你像疼愛弟弟一樣待我們，但我們努力奉獻一生，竟然換來的是一無所有的結果，甚至爸爸將這個結果視為理所當然，叫我們情何以堪？為什麼你要犧牲女兒，只為成全兒子？為什麼不信任女兒？」

在法庭上，即使法官一直制止，也無法停止姊姊們痛徹心扉的吶喊，直至法警把姊姊們都帶離開法庭，這一切才平靜下來。

當律師這麼多年，看盡許多的謊言以及偽善，但每當看到這樣全然付出自己一切，卻換來對方的冷漠或是傷害，招致如海嘯般的巨大反擊，其衝擊是可以想見的。然而在處理這個案件過程中，身處海嘯之前的我，對於世間長輩「重男輕女」的觀念，導致一整個親情的崩潰，真的值得嗎？不管是身為父母或子女，在傳統的價值觀裡跟自己付出的感情，如何看待、取得平衡，或是怎麼樣來接受或折衝，真的是一項很困難的課題，也真的需要學習。

像這樣一個胼手胝足的親密家庭，好不容易熬過了窮苦日子，竟在富裕之後，因為房產而分崩離析，實在令人不勝唏噓！但更令人感嘆的是，這樣的劇情卻是真實的在社會上不斷上演啊！

法律小學堂

刑法

第210條——

偽造、變造私文書，足以生損害於公眾或他人者，處五年以下有期徒刑。

第211條——

偽造、變造公文書，足以生損害於公眾或他人者，處一年以上七年以下有期徒刑。

第214條——

明知為不實之事項，而使公務員登載於職務上所掌之公文書，足以生損害於公眾或他人者，處三年以下有期徒刑、拘役或一萬五千元以下罰金。

第216條——

行使第二百一十條至第二百一十五條之文書者，依偽造、變造文書或登載不實事項或使登載不實事項之規定處斷。

愛不到就毀掉？
遺書

「我醜惡 我自私 我認了看著你 容不下他

踢地死心　原來出於私心 我也覺得我好可怕……」

林夕在《這樣愛你好可怕》歌中，透過歌詞將感情中占有慾以及嫉妒貼切的描述出來。每每聽到這首歌時，不自覺想起曾經承辦的一件殺人案件。

那是一個寒流來襲、陽光下仍舊冷得發抖的冬天，一位母親跟著一名男子來到律師事務所。

「我女兒被害死了！」才一開口，這位母親就淚眼婆娑。

身邊的男子帶著紅腫的雙眼趕忙安撫著媽媽的情緒，原來他是媽媽女兒的老公，也就是女婿。媽媽收起眼淚，娓娓道來～～

「我女兒不知道從哪裡認識了一個朋友，還幫他背一屁股債，少說也有數十萬債務。我女兒很孝順的，是我的心肝寶貝。那天，警察通知我過去確認的時後，我怎麼樣都想不到為什麼突然就說發現屍體，為什麼我女兒會是冰冷的屍體！?警察說現場有散落的安眠藥還有遺書，可能是自殺！但是她是我女兒，我知道她是絕不會自殺的，讓她躺在這種地方真的太可惡了！」

所以，是自殺、還是偽裝得很好的他殺？

「我知道誰是兇手，」女兒的老公接著咬牙切齒地說，「那個兇手是個警界人員，他介入我的家庭，後來知道我太太想要離開他，還對我太太拳打腳踢，要逼迫她跟我離婚；甚至心情不好就會抓她頭去撞牆。我太太朋友跟我說，曾見他拿著刀，凶神惡煞的到我太太工作的地方要砍我太太……我太太除了兇手以外，沒有跟其他人結怨，兇手暴力相向也不是第一次了，今天我太太又不明不白的死在兇嫌家……受過武術訓練並具備法律知識的警務人員暴力威逼一個弱女子，實在是令人非常憤怒。」

天啊！聽起來真的像是被人殺害！

「太太做什麼工作？」我問。

原來太太是做按摩工作，本來是從大陸嫁到臺灣來，跟著先生一起在臺灣生活，在生了孩子、孩子比較大之後，太太也取得了台灣身分證，可以外出去工作，想說從事按摩業來貼補家用。起初還是住在家裡，但是因為工作性質常常要很晚才下班回家，索性就住在公司的宿舍，一段時間才回家看看孩子跟老公，並拿錢回家。夫妻二人聚少離多，感情說不上是如膠似漆，但也沒有交惡，就是維持著一家人的關係和感覺。

但誰也沒想到，突然接到警察的通知，竟然就是一個天人永隔的噩耗。

這老公後來才從死者朋友口中輾轉得知，死者生前跟一個警務人員走得很近。不過死者曾經透露說想要斷絕關係，但是該名警務人員脾氣很差，只要一提，就會施加暴力；甚至這名朋友還曾親眼見到死者直接被抓著頭去撞牆壁，當場鮮血直流，她嚇到趕快把死者送去醫院，縫了好幾針。朋友還說，死者每每講起這個警務人員總是又驚又怕，彷彿被囚禁在無形牢籠裡，無法逃出。

太太最後的屍體正是在這名兇嫌家被發現的，而且現場鄰居也表示：在事故發生前，曾經聽見屋內傳來激烈的爭吵聲；而太太被發現時，身上已出現屍斑，嘴角溢出大量鮮紅色、綠色指甲油，全身也只穿著內衣褲……如果一個要自殺的人，怎麼會把自己的嘴巴弄得都是指甲油呢？另外，雖然死者旁邊有非常多的安眠藥，現場還留有遺書，但死者的親友都表示：死者從未服用或購買安眠藥，現場的遺書內容也明顯跟死者的筆跡和平常會用的詞彙有明顯差異……這份遺書到底是不是死者最後的話，還是有人假冒死者所寫的？種種跡象都讓人覺得這個案件的死因並不尋常，或許可以說，如果不是自殺，那麼大家對於「誰是兇手」差不多都有一樣的想法了。

家屬在檢察官偵辦過程中，非常擔心案件被草草了結，因此希望律師可以協助他們把兇嫌繩之以法。我請先生把太太的手機提供給我們律師，我們來看手機裡有什麼蛛絲馬跡可以調查。打開了對話紀錄跟簡訊，我們發現的確有很多跟這名兇嫌有關聯的資料，例如：與兇嫌吵架的紀錄，還有被要求要幫忙償還借款等等。我們也打開了照片檔案，裡面看見不少死者與兇嫌親密照片，一起吃宵夜、一起在外遊玩的風景照等等。

我一張張翻看照片，看看能不能從中找到什麼線索。翻到其中一張照片時，我著實差點從椅子上摔下來！那是一張應該只有兇嫌一人獨照的照片，但卻在左上方赫然出現一白衣女子的影子，而且女子樣貌淒厲。在跟家屬確認之下，這白衣女子就是死者沒錯！她好像是想要試圖藉由這張照片向我們傳達某些訊息。當下，我毛骨悚然，不知道這張照片是怎麼在這手機裡或是怎麼拍攝的？我當律師這麼久，第一次看到這麼一個靈異的畫面，我不禁想：「那位死去的太太，當時在這段感情裡是多麼痛苦！」

到底是自殺、他殺？還是這名警務人員執著的愛，因愛不到就反目成仇？亦或是對於死者不願意再受制於他而心生不滿埋下殺機？……各種可能性在腦中不斷浮出。然而，法律還是講究證據的，而刑法定罪上也有所謂無罪推定原則的適用，因此單憑那張有死者身影的照片，並無法作為將兇嫌繩之以法的證據。

在沒有其他直接證據可以顯示這兇嫌有強迫女方服藥身亡的情況下，很可惜的，檢察官最終還是對兇嫌做出不起訴處分！身為律師的我，對於這樣的判決感到非常的無奈與遺憾。而對於家屬而言，這自然是他們無法接受的結果，面對白髮人送黑髮人，家人們的痛楚更是令人鼻酸。

法律小學堂

世界人權宣言第11條第1項：「凡受刑事控訴者，有未經獲得辯護上所需的一切保證的公開審判而依法證實有罪以前，有權被視為無罪。」因為刑法是國家透過死刑、無期徒刑、有期徒刑、拘役還有罰金等等的手段，去對人民的生命、身體、財產自由做限制，為了要保障人民的權益避免受到國家的侵害，我國刑事訴訟法訂有相關規定，來確保國家要對人民的自由做出限制、拘束之前，確實有依法遵循所有程序，也避免因為草率的程序判斷，造成冤獄，侵害無辜人民的生命、身體、財產自由，而在經過法定程序，確認有罪之前，基於人權保障，不應該認為人民是有罪的。

刑事訴訟法第154條——

被告未經審判證明有罪確定前，推定其為無罪。

犯罪事實應依證據認定之，無證據不得認定犯罪事實。

泱泱，我們要你再回來

對於大部分的父母而言，「孩子」是世界上最珍貴的禮物，所以總是用盡全力呵護、拚命保護，孩子的第一次笑、第一次翻身、第一次上學、第一次站在舞台表演……都是無比珍貴的成長回憶。然而，這一切的一切，對於泱泱的爸媽而言，所有的期待與規劃，已幻化成泡影了。

「我不相信我努力受孕、懷胎十個月的寶貝就這麼死了！不可能！不可能！嗚嗚嗚～～」

泱泱的媽媽從進到會議室開始，眼淚一直沒有停過，看著她紅腫的雙眼，顯然已經哭了幾天幾夜了；泱泱的爸爸比較理性坐在旁邊不斷握著泱泱媽媽的手，努力想要緩和她激動的情緒，看得出來他自己也是無比痛苦。泱泱的爸爸調整了一下情緒，他簡潔有力的表示：「劉律師，一定要幫我們家泱泱討回公道，他的命是被保母害死的！」

我聽了很驚訝，到底發生了什麼事？

爸爸氣憤地告訴我，他跟太太歷經了幾年的努力，去年兩人終於迎來人生期待已久的寶寶－泱泱。在懷孕過程中，兩人無不謹慎小心，定期做產檢、重視飲食，泱泱也很爭氣，一直相當健康，出生時就是個頭好壯壯的男寶寶。因為他們夫妻白天都要工作，所以花費不少時間積極打聽到一位四十多歲，具有豐富帶嬰幼兒經驗的合格保母。泱泱的爸爸媽媽相當慎重，事前特意到保母家訪談了兩次，確認保母是個細心、愛小孩的人，才放心把自己的心肝寶貝託付在保母家中。

原以為三人幸福的生活才正要開始，沒想到就在幾天前，泱泱突然在保母家中死亡，對泱泱的爸爸媽媽來說，這打擊猶如晴天霹靂，泱泱只陪伴了爸媽一年多的歲月就到天國去了，相信是任何一個父母都無法接受的殘酷事實。

媽媽聽到這裡又不禁崩潰大哭，她的哭聲淒厲，我的內心也跟著隱隱作痛。

我問：「為什麼認為是保母害死泱泱的呢？」

泱泱的爸爸緩緩說道：「那天早上我們一如往常，幫泱泱刷牙洗臉後，大概七點多就出門載泱泱到保母家。在車上，泱泱還活潑的跟媽媽一起玩。八點左右到了保母家門口，我們把泱泱交給保母並告訴保母，泱泱前兩天的感冒快要好了，這兩天都沒有咳嗽也沒有鼻涕，可以正常吃喝。保母也跟我們說，泱泱昨天狀況就不錯，喝奶也都很正常，感冒應該沒什麼問題了。沒想到十點多左右，媽媽接到了保母的電話，說泱泱突然沒有呼吸了！媽媽慌亂得六神無主，馬上丟下手邊的工作，從辦公室趕到保母家。十一點多到了保母家，保母哭著跟媽媽指著躺在嬰兒床上的泱泱，媽媽衝到床邊，只見心愛的小孩竟然已經臉部發紫、眼睛緊閉、口吐白沫，已沒有呼吸，不論她怎麼呼喚，泱泱都沒有回應。媽媽當下腦袋一片空白，一直問保母怎麼會這樣？保母也答不出來。大約過了幾分鐘，媽媽才想起來抱起泱泱，在路邊攔了計程車直奔醫院。她在計程車上同時也通知我，我才趕緊到醫院。只是，沒想到我到醫院時，泱泱已經走了……這一切來得太突然，我們都無法相信泱泱就這樣地離開我們，更何況是完全毫無跡象，早上明明都還好好的，才分開短短兩個小時的時間，泱泱就回天國了，到底這兩個小時當中發生了什麼事？我們有太多的疑問了。」

我問爸爸：「你有問保母，到底這段時間發生了什麼事嗎？」

爸爸說：「我後來仔細回想我跟保母溝通的過程，保母知道泱泱過世的消息時，其實是異常冷靜的。當我們要回去收拾泱泱在保母家的東西時，當然也追問了這段時間到底發生什麼事？保母一直告訴我們，什麼事也沒有發生，她就是正常的照顧泱泱，而且還有其他的寶寶在，她一樣餵奶，然後讓泱泱在嬰兒床上睡覺……等到她回頭檢視泱泱睡況時，才發現泱泱已經沒有呼吸了……她這當中並沒有做任何異常的事。」

但爸爸很懷疑泱泱是不是噎死的？是不是保母在餵奶以後沒注意泱泱的反應，導致泱泱奶水倒流塞住喉嚨而無法呼吸死亡。但這些疑問都必須等到法醫的解剖報告才會知道確定死因，目前都只是懷疑而已。

除此之外，還有一點讓泱泱爸爸覺得很奇怪的就是：當保母發現泱泱沒有呼吸時，怎麼沒有第一時間送醫院；或者如果無法親自送醫，為何第一時間不打119叫救護車來協助，竟然只是通知媽媽到家裡來看？若是保母第一時間將泱泱送到醫院進行急救，或許泱泱還有救回來的機會，但保母竟然就這樣讓黃金時間一分一秒流逝，直到媽媽出現才將小孩帶去醫院，一切都已經太遲了，再怎麼急救也回天乏術。

最後，爸爸也懷疑保母對於她先生的部分有所隱瞞。因為保母是跟先生同住，但保母說先生當天上午並不在家，然而從後來調閱出來保母家前後的監視器發現，保母的先生只有進入家中的畫面，並沒有離開家的畫面……這顯示當天上午保母的先生是在家的，為什麼保母要隱瞞這個事實？這個謊言背後是不是有什麼重大的原因？會不會跟泱泱的死亡有關連？

泱泱的父母對於泱泱的突然離世，有太多的問號，所以來委託律師，希望可以幫忙他們查清真相、還原事實，也幫泱泱爭取一個公道。若是整件事情的過程中證明保母有疏失，就應該要受到應有的懲罰，以免將來還有一樣的憾事發生。

受到泱泱父母的委任後，我們開始調查，除了調閱監視器之外，最重要的就是法醫的解剖報告；對於泱泱的爸媽來說，解剖報告是可以還原事實真相的最後一絲希望。

終於，法醫的解剖報告出來了！法醫認為泱泱是因為「間質性肺炎導致呼吸衰竭身亡」，簡單來說，就是感冒引起肺炎，最後呼吸衰竭死亡；也就是泱泱死因是「病死」，而非受到外力造成泱泱死亡。

看到這個報告結果，泱泱的父母完全無法接受，因為他們的小孩雖然有點小感冒，但那天送去保母家時，感覺都已經恢復的差不多了，在車上也跟媽媽很開心地玩樂，怎麼會突然兩小時內因為感冒死亡？真的是疾病導致死亡的嗎？法醫的報告到底是有沒有錯誤？

對於家屬的種種疑問，我們對鑑定報告有些部分也感到困惑，因此依法請求法醫再次的鑑定，希望能調查得更清楚其死亡的原因。但是非常可惜的，因為這些調查程序都在地檢署的偵查階段，都是檢察官查證，並不會提供告訴家屬完整的報告內容以及結果；依照法規，檢察官也沒有義務要告訴家屬，所以經過一段兩三個月的時間，我們就收到不起訴處分書。雖然我們不服，提出再議等程序，但我們也向泱泱的父母說明，因為這類案件，法醫的報告是重要關鍵，只要法醫報告寫的是因疾病死亡，就很難認定保母對於泱泱的死是有責任的；這也表示，在這樣的情況下，泱泱的案件也就無法起訴保母。聽到這裡，我看到了泱泱父母眼中的憤怒跟絕望，他們一直以來相信法律可以保護需要被保護的人，但現在面對泱泱的死亡，卻連司法也無法給他們一個清楚的交代、合理的說明，讓泱泱的爸爸深深覺得泱泱是慘遭枉死的。

檢警單位經過一連串的調查，還是沒有告訴他們泱泱死亡的真相，而充滿問題的保母仍然逍遙法外。他們不斷蒐集提供的事證，也都石沉大海，顯然司法完全無法給予他們任何交代。

在這段訴訟的過程裡，即使我竭盡所能的向檢察官申請調查，但仍然因為司法有其界限，專家的鑑定報告無法讓父母親接受，而感到難過也無奈。

過了一段時間，有一天，這對父母來到了律所。

爸爸跟我說：「我和太太決定要擦乾眼淚振作起來；我們決定要把泱泱再生回來，我們會再努力懷孕，祈禱上天再給我們一個男寶寶，讓泱泱能再回到我們身邊。」

聽到這段話，我當下很感動。爸媽跟小孩的緣分或許很短暫，但這樣堅定的父母，沒有一直抱著遺憾，而是以正面積極的想法，要把泱泱再帶回到世界上。而在那之後，老天爺真的又讓他們懷了男寶寶，也取名叫做泱泱，並且幸福快樂的生活著。

法律小學堂

刑法第277條——

傷害人之身體或健康者，處五年以下有期徒刑、拘役或五十萬元以下罰金。

犯前項之罪，因而致人於死者，處無期徒刑或七年以上有期徒刑；致重傷者，處三年以上十年以下有期徒刑。

刑法第278條——

使人受重傷者，處五年以上十二年以下有期徒刑。

犯前項之罪因而致人於死者，處無期徒刑或十年以上有期徒刑。

第一項之未遂犯罰之。

刑法第286條——

對於未滿十八歲之人，施以凌虐或以他法足以妨害其身心之健全或發育者，處六月以上五年以下有期徒刑。

意圖營利，而犯前項之罪者，處五年以上有期徒刑，得併科三百萬元以下罰金。

犯第一項之罪，因而致人於死者，處無期徒刑或十年以上有期徒刑；致重傷者，處五年以上十二年以下有期徒刑。

犯第二項之罪，因而致人於死者，處無期徒刑或十二年以上有期徒刑；致重傷者，處十年以上有期徒刑。

不要再打我媽媽

「你這個律師，到底有沒有良心，怎麼可以在法庭上亂講鬼扯，你將來不得好死！我兒子不聽話，連律師都亂講話，○○××……」一個老人家走出法庭後不斷對我謾罵叫囂，甚至拿拐杖衝過來要打我。還好法警及時把他阻擋下來，否則下一秒可能我額頭上會多些「印記」。

雖然我可以理解訴訟上大家可能因為主張不同，而對於另一方的律師說出來的話覺得刺耳，這也不是第一次在地檢署、法院之類的地方碰到這麼無理的對造，但他誇張的失控行徑真的是極為少見！當下若不是有法警攔住他，拐杖就這麼打下來的話，我可能就直接要到地檢署提告這名對造了。

大部分的父母對於子女是疼愛有加的，經濟能力比較好的父母甚至會早早安排將財產移轉到子女名下，讓子女可以順利成家立業，在他們的人生裡盡力協助。然而這個案子竟是父親要告兒子，兒子委託我擔任他的律師。這名父親之所以告兒子，是要求兒子要把名下的房子「返還」給他，但神奇的是，這房子從頭到尾都沒登記過在爸爸的名下！究竟這名父親是為何理直氣壯地認為房子是他的？他如何推論出「要兒子把房子返還給他」的結論呢？

這是一個已經八十多歲的老翁，要提告自己兒子的故事～～

這名父親當初是跟隨著國民政府從大陸來台，在台灣落地生根娶了太太，在當時那個年代，男主外、女主內還是社會普遍的趨勢。太太經濟能力比較不好，嫁給了這位領有政府俸餉的軍人，軍人的薪水支應了一家大小生活所需。這名父親認為，他溫飽了太太跟小孩，而太太省吃儉用，一點一滴存錢買了一間房子；她買這間房子是要準備給兒子以後成家立業的。然而還來不及看到兒子成家，媽媽就過世了。媽媽在過世前將房子過戶到兒子名下，沒想到被爸爸發現，爸爸震怒之下就告兒子，要求兒子返還房屋。爸爸的主張是：媽媽從以前到現在根本沒有任何收入，媽媽之所以有錢買這房子，全部是靠他，這些錢全部是他賺的，憑什麼可以說是媽媽送給兒子？所以兒子不該取得這房子，這房子應該是歸爸爸的，他要兒子返還房屋完全合情合理。

一開始接到這個案件，我內心想著：「大家都是一家人，家人之間即使有些誤會、爭執，也該試著坐下來好好說，怎麼會變成要到法院訴訟？！」

我也跟兒子溝通許久，給予不少訴訟外解決的建議，但是兒子一直面有難色。直到後來他說出他的成長故事，我才漸漸明白他對於爸爸的提告並沒有很意外；甚至對於他的經歷，也讓我感到非常不捨，暗自決定，一定要幫他打贏這場官司。

這個兒子在軍人的家庭長大，爸爸軍事化管教方式非常嚴格，以至於兒子從小就跟爸爸關係不好，家裡只有「聽爸爸的話」這一個選項，其他人都不能反對，也不能有任何意見；就算爸爸有錯，也不可以明說。就在兒子十幾歲青春叛逆時期，對於威權管教式的爸爸就十分不滿，常常跟爸爸頂撞、吵架，爸爸完全不能接受，一定拳腳相向。隨著年紀越來越大，兒子也開始反擊爸爸，若是無法反擊成功，乾脆就離家出走，有時去睡同學家、睡公園，甚至睡在地下道，他也不願意回到烏煙瘴氣的家裡，最後都是媽媽辛苦地到處打電話找他，才把他找回來的。兒子看到媽媽這麼辛苦，對於爸爸的怒火只有不斷地增加。

爸爸的軍人魂當然也常加諸在媽媽身上。只要爸爸喝醉，或是媽媽沒有按照爸爸的意思做，爸爸就會一個拳頭揮過去。小時候，他就和媽媽常常為了躲喝醉的爸爸，兩個人一起蜷在廁所裡，直到廁所門被爸爸撞開、一個一個被爸爸拉出去打……所以，兒子從小就告訴媽媽，等到他長大了，一定會保護媽媽、打倒爸爸。

看著兒子天真善良、單純的內心，已被仇恨覆蓋，對爸爸的怨懟與日俱增，媽媽認知到不可以繼續讓他們父子生活在同一個空間裡。於是兒子國中一畢業，就把兒子送到其他縣市去讀書，讓他住校，避免家裡一次又一次上演爸爸拿鐵鎚、兒子拿菜刀相互對決的畫面。

兒子雖然沒有天天住在家裡，但還是知道爸爸會如何對待媽媽的。兒子經常告訴媽媽：「雖然我人在外面，但如果媽媽被欺負了，一定要告訴我，我會馬上回來保護媽媽的。」媽媽聽了內心很感動，但她也清楚知道這都是她的宿命。來自傳統教育下的她相當認命，從沒有想過要離開，對她而言，嫁給了這樣的丈夫就是一輩子，即使長期活在家暴之下，她也習慣了，只要兒子好好的，這一切都值得！

終於兒子高中畢業要唸大學了，媽媽偷偷跟兒子說：「我買了一間房子，你爸爸不知道，之後媽媽會過戶給你，希望將來你有房子可以娶老婆，過正常的人生，生個白白胖胖的小孩，讓媽媽抱孫子，這樣媽媽今生就無憾了。」

就在兒子讀大學讀到一半的時候，媽媽住院了。兒子接到媽媽的電話才知道，媽媽是因為被爸爸發現偷偷買了房子，而且過戶給了兒子！爸爸非常的火大，認為他的錢都被媽媽偷走拿去買房子了，而且還登記在他最討厭的兒子名下。爸爸大怒，就對媽媽拳打腳踢，媽媽被打到頭破血流還骨折……幸好及時送醫，不然可能連命都沒了。

兒子聽到之後，非常非常生氣，決定要跟爸爸同歸於盡！但媽媽一直在病床上規勸兒子，要兒子好好的活著，不要把生命浪費在跟爸爸吵架的事情上，不然媽媽被打得一點價值都沒有；媽媽也沒有要提告爸爸，只是希望這事情可以靜靜落幕，不要再節外生枝就好。

爸爸對於媽媽的信任完全沒了，他開始每天提心吊膽，總覺得媽媽就是一直想辦法偷他的錢去給兒子，只要夫妻見面就沒有好話。媽媽原本就因為家暴的傷還沒有復原，加上更多的新傷，同時也因長時間的家暴造成的心理創傷，沒多久，媽媽就離世了。

對於媽媽過世這件事，爸爸不僅沒有傷心難過，甚至還大聲詛咒自己的太太下地獄，到處說自己的太太是小偷，把他畢生積蓄都偷光光了，甚至偷了一大間房子明目張膽地過戶給兒子，兒子明知道房子不是他的，還不要臉的收下，因此要兒子把房子還給他。

兒子聽得瞠目結舌，說什麼也不可能同意！因為對他而言，這是媽媽畢生省吃儉用的積蓄、是媽媽對他點滴照顧關愛累積而成的，根本不是爸爸所說的那樣。反觀爸爸，只知道打罵，媽媽根本是被爸爸間接害死的，他無論如何也不會把房子還給爸爸。

沒想到，爸爸竟直接委託律師提起訴訟告兒子。

在承接案件的過程中，兒子拿出一份母親寫給他的訣別書，信中寫到：母親自己當初知道家裡經濟環境很差，而且她爸媽也無法養活所有孩子，更無法提供生為女性的她太多的教育機會，所以在家裡安排下她就嫁給了他爸爸。婚後不久，媽媽意識到這個婚姻裡將只有婚姻的外殼，沒有幸福與歡笑，但她認為這一切都是命，這是她的人生。直到兒子出生後，她的人生才有了屬於自己的希望、生活開始有了重心，她不再只是單純在命運安排下隨風漂流的浮萍，也不再只是隨人擺佈的玩偶，她希望兒子平安健康快樂的長大，希望兒子未來能有個健康、充滿愛的家……。

信裡的一字一句著實令人感到不捨，我從中能夠感受到這名母親的毅力、犧牲以及奉獻，多年來她沒有想要逃跑或反擊，對她而言，兒子是比她更重要的存在，這一份愛，讓她無懼身體的痛苦、精神的壓力；從這個兒子身上，我亦能感受到因母愛而散發出來的生命力，這份愛不僅如願地讓兒子健康的成長茁壯，也讓他在社會上能有一番成就。

法律小學堂

借名登記

「當事人約定一方將自己之財產以他方名義登記，而仍由自己管理、使用、處分，他方允就該財產為出名登記之契約」。（最高法院 110 年度台上字第 3042 號民事判決）

在台灣，常常可看到爸媽購買不動產後，將房屋登記在子女名下，或者是有其他資產用子女名義購買，實際上爸媽自己才是所有權人，這種狀況就是所謂的「借名」；又因為父母子女之間通常不會簽署書面的借名登記契約，因此也會出現父母過世後，繼承人對於相關財產是否是父母借名在子女名下，或者是父母贈送給子女的產生爭議，要求要算入遺產內來進行分配。

我不是性奴隸，我只是想找到第二度的愛情！

愛情總是會伴隨著各種試煉，很多人願意面對試煉、努力克服，可是偏偏愛情的殘酷在於：不是努力就可以有回報的，原以為的美好果實，卻也可能是毒藥。

「劉律師，我要跟我先生離婚。他不但不檢討自己，還要我把房子還給他，這是當初他自願送給我的，怎麼可以出爾反爾？」隔著會議桌，我將衛生紙遞給坐在對面泣不成聲的王小姐。

王小姐在二十幾歲時曾經有一段婚姻，後來雙方因個性問題在三十多歲就離婚了，兩人之間沒有小孩。對於家庭仍有嚮往的王小姐也希望可以繼續努力，找到對的人再重新開始另一段婚姻，組織屬於自己的家庭。在朋友介紹下，她加入了婚友社，面對一次又一次的相親活動，王小姐很投入地參與，並且開始學習溝通、打扮。在一次婚友社的活動當中，她認識了李先生。李先生文質彬彬，在中央部會擔任高階公務員，大約五十多歲，名下有兩間房子：一間是自購自住；一間則是家中長輩留下的，對外租賃用。李先生不菸不酒，也沒有不良嗜好，從客觀條件來看，不失為一個很好的再婚對象。看在李先生眼裡，王小姐面容和善、身材姣好，談吐文雅、儀態端莊，跟媽媽相依為命，而且在銀行服務也是正當工作，因此對她也相當有好感。兩個人的客觀條件都非常匹配，彼此也都覺得如果個性適合，幾乎就是完美的伴侶對象了。

在第一次見面之後，李先生又約王小姐去幾家有特色的西餐廳吃飯，兩個人每回都聊得很開心。李先生下班時間喜歡去打羽毛球，王小姐平時下班則沒有其他活動，大都是回家陪伴媽媽，因此也都願意陪李先生一起參與。兩人也達成共識：若是結婚了，要離王媽媽住得近一些，讓王小姐可以常常回去陪伴媽媽。

半年後，李先生向王小姐求婚了！曾經有過一段失敗婚姻經歷的王小姐，雖然對於家庭仍有強烈的嚮往，但過往的種種實在無法完全忽視，加上李先生也離過婚，王小姐內心十分猶豫。

「才認識半年，那麼快就要再次步入婚姻嗎？」李先生聽完王小姐的顧慮後，不斷告訴王小姐，她就是自己期盼已久的終身伴侶，她完全就是為他量身打造的另一半；如果王小姐願意嫁給他，他願意把名下居住的這棟價值五千多萬的房子過戶給王小姐，而且在結婚登記的那一天就過戶完成，給王小姐一個保障……這些話對王小姐來說，完全就是一個男人有肩膀的承諾，給了她極大的信心，再次相信愛情的偉大；同時，在交往過程中，李先生的舉止也讓王小姐相信他是把自己當作心肝寶貝在疼愛的。因此王小姐在李先生開出這樣的條件後，義無反顧的決定要嫁給李先生，她相信這個男人會給她一輩子的幸福，也相信自己即將苦盡甘來，擺脫過去的陰影，迎向幸福的未來。

由於雙方都是二婚的緣故，兩人低調地規劃了一場小型婚禮。到戶政事務所辦理結婚登記的當天，李先生也依約帶著王小姐到地政事務所，把自己名下的豪宅登記給王小姐，履行婚姻的承諾。

王小姐對於這段婚姻充滿信心，也不斷告訴自己，要努力讓兩人可以一起長長久久走下去。於是，婚後她傾注大量心力投入在打理家務、照顧李先生，包括準備三餐、添置服飾、整理房間……兩人仍維持著熱戀般的甜蜜與感動。

兩個人生活相當契合，唯獨在另一件「房事」上，兩人都頗有微詞。當初兩個人都有共識，表示因為都有年紀了，也沒有打算要有小孩，因此房事一切隨緣。只是李先生總是有些急躁，或許王小姐有潔癖，希望李先生可以在行房前先洗澡，但李先生總說，已經洗過澡了，不想再洗一次，也不管王小姐的感受，便自顧自的跟王小姐發生性行為，讓她有些不愉快。王小姐只好在行房後，趕快去洗澡。想當然爾，行房過程沒有任何愉悅感，只希望盡快結束。

這樣的狀況，都仍在王小姐還能容忍的範圍內。只是沒想到，李先生卻在行房這件事上，越來越誇張，甚至提議要模仿A片情節，例如：希望她穿著性感的薄紗或是擺出撩人的姿勢……但這些都是傳統保守的王小姐做不到而且非常不想做的事。但畢竟是自己心愛的先生，即使不願意，仍勉為其難的配合先生做做樣子，李先生則仍舊不顧王小姐的感受，很快的就強勢的完成整個行房的過程。

對王小姐來說，行房這件事，讓她感到不愉快，也漸漸的不想再配合了。但李先生卻正好相反，行徑越來越誇張，不僅拿口紅塗抹王小姐下體，有一次，甚至拿利器割她的小腿，讓她痛得發出慘叫；而看到她血流如注的樣子，李先生卻更感興奮……如此變態的行為，真是令王小姐身心受創！萬萬沒想到，老公竟是這樣的人，她再也受不了了，便開始拒絕行房。

李先生當然不會善罷甘休！他對王小姐大吼：「妳拿了我的房子，妳是我的妻子，妳就是我的了。」粗魯的把王小姐壓在床上，不論她怎麼掙扎或拒絕，李先生充耳不聞，仍用強暴的方式完成性事。事後，王小姐奪門而出，逃回娘家。李先生打電話給岳母，表示：若妻子不回家，他會訴請離婚，並且把房子要回來。

王小姐把自己這段時間的悲慘遭遇跟媽媽哭訴，媽媽非常的生氣也很難過，決定委託律師結束這段看似夢幻，其實根本就是一場惡夢的婚姻。

我們接到了王小姐的案件，跟她分析：雖然經歷了這段遭遇，但過程沒有留下任何證據，李先生會否認這些暴行的。因此還是要回歸到，當婚姻走不下去時，可否保住這房子。可是，對王小姐來說，婚後付出努力的是她、不斷妥協的也是她，忍受這麼多屈辱還是她……如果房子還要還給李先生，那她豈不是這婚姻裡唯一也是最大的受害者？整個事件，錯不在她，自然沒有要把房子還給李先生的道理；若是還給他，不就代表承認是自己做錯了嗎？為什麼受傷的是她，卻還要她道歉呢？

當一顆真心破碎，另一方毫無悔意，更不用說想要修補了。看著滿地的碎片，被拾起的竟只有金錢，更凸顯了其他的一切是多麼的一文不值；愛，太淒涼！但對王小姐來說，那唯一的一片不能被搶走的或許也不再是金錢，而是自尊。

在了解王小姐的訴求後，我們從王小姐目前身上還有的傷勢、跟李先生的對話紀錄，還有跟媽媽哭訴的這些紀錄裡，先對李先生提告家暴，同時提起離婚訴訟。李先生也不是省油的燈，由於離過婚，也是經驗十足，明明毫無證據，卻自己編出一套故事，反過來控告王小姐家暴。就這樣，雙方一來一往，劍拔駑張！看來，王小姐不僅遇到的不是良人，更是隻可怕的惡狼啊！

法律小學堂

家庭暴力防治法

第14條——

法院於審理終結後，認有家庭暴力之事實且有必要者，應依聲請或依職權核發包括下列一款或數款之通常保護令：

一、禁止相對人對於被害人、目睹家庭暴力兒童及少年或其特定家庭成員實施家庭暴力。

二、禁止相對人對於被害人、目睹家庭暴力兒童及少年或其特定家庭成員為騷擾、接觸、跟蹤、通話、通信或其他非必要之聯絡行為。

三、命相對人遷出被害人、目睹家庭暴力兒童及少年或其特定家庭成員之住居所；必要時，並得禁止相對人就該不動產為使用、收益或處分行為。

四、命相對人遠離下列場所特定距離：被害人、目睹家庭暴力兒童及少年或其特定家庭成員之住居所、學校、工作場所或其他經常出入之特定場所。

五、定汽車、機車及其他個人生活上、職業上或教育上必需品之使用權；必要時，並得命交付之。

六、定暫時對未成年子女權利義務之行使或負擔，由當事人之一方或雙方共同任之、行使或負擔之內容及方法；必要時，並得命交付子女。

七、定相對人對未成年子女會面交往之時間、地點及方式；必要時，並得禁止會面交往。

八、命相對人給付被害人住居所之租金或被害人及其未成年子女之扶養費。

九、命相對人交付被害人或特定家庭成員之醫療、輔導、庇護所或財物損害等費用。

十、命相對人完成加害人處遇計畫。

十一、命相對人負擔相當之律師費用。

十二、禁止相對人查閱被害人及受其暫時監護之未成年子女戶籍、學籍、所得來源相關資訊。

十三、命其他保護被害人、目睹家庭暴力兒童及少年或其特定家庭成員之必要命令。

法院為前項第六款、第七款裁定前，應考量未成年子女之最佳利益，必要時並得徵詢未成年子女或社會工作人員之意見。

第一項第十款之加害人處遇計畫，法院得逕命相對人接受認知教育輔導、親職教育輔導及其他輔導，並得命相對人接受有無必要施以其他處遇計畫之鑑定；直轄市、縣（市）主管機關得於法院裁定前，對處遇計畫之實施方式提出建議。

第一項第十款之裁定應載明處遇計畫完成期限。

好學習 068

律師今天不開庭，說法律之外，人性的糾結無奈

狼父伸魔爪竟嫁禍兒子、老婆被當性奴隸、搶骨灰奪遺產、小三狀告強制性交、死亡女子現身喊冤……這不是八點檔，這是真實人性！

作　　者　劉韋廷
顧　　問　曾文旭
出版總監　陳逸祺、耿文國
主　　編　陳蕙芳
文字編輯　翁芯琍
封面設計　李依靜
內文排版　李依靜
法律顧問　北辰著作權事務所

印　　製　世和印製企業有限公司
初　　版　2022年10月
初版二刷　2022年10月
出　　版　凱信企業集團-凱信企業管理顧問有限公司
電　　話　（02）2773-6566
傳　　真　（02）2778-1033
地　　址　106 台北市大安區忠孝東路四段218之4號12樓
信　　箱　kaihsinbooks@gmail.com

定　　價　新台幣 349 元／港幣 116 元
產品內容　1書

總 經 銷　采舍國際有限公司
地　　址　235新北市中和區中山路二段366巷10號3樓
電　　話　（02）8245-8786
傳　　真　（02）8245-8718

國家圖書館出版品預行編目資料

律師今天不開庭，說法律之外，人性的糾結無奈：狼父伸魔爪竟嫁禍兒子、老婆被當性奴隸、搶骨灰奪遺產、小三狀告強制性交、死亡女子現身喊冤……這不是八點檔，這是真實人性！／劉韋廷著. -- 初版. -- 臺北市：凱信企業集團凱信企業管理顧問有限公司, 2022.10
　面；　公分
ISBN 978-626-7097-47-2(平裝)

1.CST: 法律教育
580.3　　　111013903

本書如有缺頁、破損或倒裝，
請寄回凱信企管更換。
106 台北市大安區忠孝東路四段218之4號12樓
編輯部收

【版權所有　翻印必究】

凱信企管

用對的方法充實自己，
讓人生變得更美好！

凱信企管

用對的方法充實自己，
讓人生變得更美好！